PASQUALE MIELE

AUMENTARE LA PRODUTTIVITÀ

Come Organizzare la Gestione del Tempo e delle Risorse per Ottimizzare le Tue Capacità Produttive

Titolo

"AUMENTARE LA PRODUTTIVITA'"

Autore

Pasquale Miele

Editore

Bruno Editore

Sito internet

http://www.brunoeditore.it

Sommario

Introduzione

Caro lettore,

grazie per aver investito il tuo tempo e il tuo denaro acquistando questo corso. Al giorno d'oggi incrementare la produttività è diventata una costante applicata in qualsiasi contesto lavorativo e imprenditoriale.

Se sei un operaio, avrai senz'altro sentito più volte, sotto varie forme, la richiesta di incrementare la tua produttività nell'azienda in cui lavori, oppure, se hai delle responsabilità, ti avranno richiesto di aumentare la produttività del reparto che dirigi, oppure della squadra o del team di cui sei responsabile.

Se sei un imprenditore, direttamente o indirettamente, aumentare e ottimizzare la tua produttività è un'esigenza primaria al fine di poter incrementare il tuo fatturato e nello stesso tempo gestire al meglio le risorse e gli investimenti.

Se non impari ad aumentare la tua produttività, la tua attività potrebbe ben presto ritrovarsi in una pericolosa fase di stallo dove i profitti non crescono e il dispendio di risorse e investimenti potrebbero pesare in maniera grave sul futuro dell'attività stessa.

Ecco perché ho deciso di realizzare questo corso, perché aumentare la produttività ha benefici su vasta scala e in svariati campi trovando applicazione in ogni tipologia di attività svolta, sia essa di tipo lavorativo e imprenditoriale, che una semplice attività svolta come hobby o passione.

Può darsi, infatti, che tu non abbia realmente bisogno di incrementare la tua produttività nel campo del lavoro, ma forse potresti e vorresti farlo in modo da gestire al meglio il tempo e le risorse impiegate nello svolgere la tua attività preferita come hobby.

Magari sei un restauratore di oggetti in legno, ma svolgi questa attività in maniera amatoriale, senza scopo di lucro. Oppure, gestisci una società no-profit che si occupa di raccogliere oggetti usati, catalogarli e renderli disponibili per la comunità con esigenze particolari.

Ci sono centinaia di campi in cui applicare questo corso, in cui aumentare la propria produttività può portare a notevoli vantaggi. Io personalmente trovo giovamento nel gestire la mia attività online.

Lavoro online dal 2007 dopo aver iniziato a studiare e formarmi in tema di Internet Marketing dal 2003. Dopo un primo periodo lavorativo come consulente esterno e collaboratore di altre aziende e professionisti, ho avviato invece la mia attività in maniera indipendente.

Vendendo servizi per il web, nel mio caso parlo di Autorisponditori Email Marketing, sistemi ecommerce, Hosting Professionali e pacchetti soluzioni e servizi per il Business Online, la corretta gestione del tempo e l'ottimizzazione della propria produttività nonché quella del proprio team, è davvero essenziale, specialmente se *(come nel mio caso)*, ti ritrovi a dover gestire decine di siti web, un centro di supporto e assistenza clienti e ovviamente garantire nello stesso tempo uno standard qualitativo del 100% per quanto riguarda i servizi che offri, e che ogni giorno vengono utilizzati dai tuoi clienti.

Ottimizzare e incrementare la tua produttività, quella della tua attività, della tua azienda, del reparto di cui sei responsabile o del tuo hobby preferito porta sempre e comunque a dei vantaggi che altrimenti perderesti, sia a livello economico (aumento di fatturato, premio produzione maggiore, aumento di stipendio, scatto di livello ecc.), sia a livello emotivo (minore stress, maggior tempo libero, maggiori soddisfazioni e alto livello di autostima).

Quindi, qualunque tipo di attività tu svolga potrai applicare le nozioni di questo corso e trarne dei benefici a breve, medio e lungo termine, quindi non mi resta che augurarti buona lettura!

CAPITOLO 1:

Come focalizzare i tuoi obiettivi

Gli obiettivi sono da sempre la chiave di partenza e il punto di arrivo per qualunque attività tu desideri svolgere e portare a termine con successo. Parliamo di punto d'arrivo perché l'obiettivo è il risultato finale che vuoi ottenere. Quel risultato finale ti porterà i benefici sperati, siano essi di tipo economico che professionale, risultati che ti serviranno da sprono e ti daranno la forza d'animo necessaria per metterci il massimo impegno e la determinazione giusta.

Ma parliamo di obiettivi anche come punto di partenza, perché ogni progetto che aspira al successo, è sempre basato su solidi e precisi obiettivi da raggiungere. Questi obiettivi chiari, ben definiti, ti permetteranno di definire il tuo business plan, di gestire le varie attività necessarie per raggiungerli, di riconoscere e prevenire eventuali problemi che sorgeranno, nonché imparare a risolverli, raggirarli o trarne comunque dei vantaggi.

Se il tuo obiettivo o i tuoi obiettivi in seno alla realizzazione di un progetto (qualunque esso sia) non sono chiari e definiti, commetterai molti errori, perderai tantissimo tempo e ti ritroverai a dover ricominciare da capo.

Quindi, la prima cosa essenziale per poter ottimizzare e incrementare la tua produttività è quella di stabilire i tuoi obiettivi ogni volta che ti accingi a realizzare un nuovo progetto, qualunque esso sia.

SEGRETO n. 1: senza obiettivi chiari e definiti NON puoi incrementare la tua produttività e quindi non potrai mai portare a termine con successo il tuo progetto.

Come avrai notato, ho parlato di *obiettivi* al plurale, perché ogni obiettivo principale o primario ha sempre bisogno di diversi obiettivi secondari o sotto-obiettivi necessari per raggiungerlo. Facciamo alcuni esempi per comprendere: se desideri costruire una villetta per la tua famiglia, l'obiettivo finale è la realizzazione della costruzione ultimata, finita e pronta per essere abitata, ma per ottimizzare la tua produttività è necessario andare per gradi, e focalizzare la propria attenzione su diversi obiettivi secondari come per esempio:

1. la realizzazione delle fondamenta;
2. la realizzazione delle solette e pilastri;
3. la realizzazione dei muri perimetrali;
4. la realizzazione del tetto;
5. la realizzazione degli impianti elettrici e idraulici;
6. le rifiniture.

Non focalizzare la propria attenzione su questi obiettivi secondari, ma pur sempre essenziali per il raggiungimento dell'obiettivo primario significa, nella maggior parte delle situazioni, creare confusione, perdita di tempo, perdita di denaro, una cattiva gestione del team che realizzerà la costruzione, maggiore stress derivante da una cattiva organizzazione e lavori che saranno portati a termine in ritardo con la possibilità che alcuni di essi saranno stati svolti in maniera errata e sarà necessario rifarli.

Raggiungerai comunque il tuo obiettivo primario? Certamente, ma avrai impiegato molto più tempo, molti più soldi investiti e forse ti dovrai accontentare di un risultato che non era quello prefissato. Praticamente avrai ottenuto l'esatto contrario di ciò che invece l'aumento di produttività poteva garantirti.

Se desideri realizzare un'attività di vendita online che generi dei profitti per te, questo è l'obiettivo finale, ma per ottimizzare la tua produttività è necessario andare per gradi e focalizzare la propria attenzione su diversi obiettivi secondari come per esempio:

1. stabilire nicchia e settore di mercato di cui ti occuperai;
2. ricercare i migliori fornitori del prodotto che venderai;
3. stabilire quanti e quali prodotti stoccare in magazzino;
4. realizzare un sito web e-commerce per la vendita;
5. ottimizzare il posizionamento sui motori di ricerca;
6. creare e gestire la pubblicità;
7. organizzare e ottimizzare il supporto clienti;
8. tutte le altre faccende inerenti.

Anche in questo caso, i sotto-obiettivi sono determinanti, essenziali per raggiungere l'obiettivo primario e ti posso assicurare che già ogni singolo sotto-obiettivo, necessita di notevole concentrazione, capacità di ottimizzare la propria produttività e impegno costante.

Questa metodica può essere tranquillamente applicata per altri svariati campi e obiettivi primari.

SEGRETO n. 2: è necessario focalizzare e saper collocare nel giusto ordine di importanza ogni obiettivo primario e i relativi obiettivi secondari.

Ora cercheremo insieme di semplificare tutto quanto e creare uno *schema tipo* che potrai utilizzare per la realizzazione di ogni tuo progetto. Tutto parte dal saper utilizzare semplici ma validi strumenti che ti serviranno in tutto il tuo percorso.

Io personalmente ho percorso la realizzazione di ogni mio progetto portando sempre sotto braccio la mia agenda personale. Anche tu per ottimizzare e incrementare la tua produttività avrai sempre bisogno di carta e penna, gli elementi più vecchi di questo mondo, ma incredibilmente essenziali per la realizzazione di ogni progetto.

Dovrai anche tu realizzare, quindi, una sorta di scheda che contenga in ordine di importanza:

1. l'obiettivo target;
2. la lista degli obiettivi secondari;
3. la lista delle azioni da svolgere.

Gli strumenti che puoi utilizzare sono un semplice block notes, agenda o quaderno e, se lo desideri, puoi anche utilizzare le schede già pronte fornite insieme a questo corso e il software per le mappe mentali **FreeMind** che puoi scaricare dal seguente link: http://freemind.softonic.it/

Per prima cosa bisogna definire l'obiettivo target o primario. Per farlo devi rispondere a una semplice domanda: «Cosa vuoi realizzare?»

Come vedi, la tua meta, il tuo obiettivo finale è anche il tuo punto di partenza per realizzare con successo un progetto e incrementare la tua produttività in relazione ad esso. Rispondere a questa semplice domanda ti permetterà di creare la tua prima *nuvola* all'interno del tuo schema o progetto e passare all'individuare e scegliere gli obiettivi secondari.

Obiettivo Primario

Cosa Vuoi Realizzare?

Obiettivo Secondario 2:

....

Obiettivo Secondario 1:

....

Obiettivo Secondario 4:

....

Obiettivo Secondario 3:

....

Nota Bene: La determinazione dell'obiettivo primario risponde, in genere, alla domanda: «Cosa vuoi realizzare?», tuttavia in alcuni campi del business è necessario focalizzare la tua attenzione nel dare risposta a un altra importante domanda.

Se per esempio vuoi realizzare un'attività di vendita online oppure offline, dove offri un prodotto fisico, un servizio, oppure un info-prodotto, rispondere alla domanda: «Cosa possono volere i miei potenziali clienti da me?» dopo aver effettuato approfondite ed accurate ricerche di mercato, ti permetterà di dare una risposta più obiettiva e specifica alla domanda in questione e determinare così un obiettivo primario in maniera più efficace.

Ovviamente, l'obiettivo primario è praticamente la fine del tuo progetto, ovvero il risultato ottenuto mediante numerose altre azioni svolte che vanno necessariamente determinate con precisione. Ecco perché è necessario aggiungere nel tuo schema in **maniera ordinata**, dei sotto-obiettivi o obiettivi secondari. Questi hanno un preciso scopo: fornire lo scalino intermedio che possa portarti a raggiungere l'obiettivo primario.

Ecco che per determinare gli obiettivi secondari ti sarà di aiuto rispondere a un'altra importante domanda: «Cosa è necessario avere o fare (per raggiungere l'obiettivo primario)?»

In genere un solo obiettivo secondario non è mai sufficiente per stilare un progetto che predisponga le basi per aumentare la tua produttività in relazione ad esso: ogni progetto necessita di diversi obiettivi secondari da raggiungere. Come abbiamo citato negli esempi precedenti, se vuoi realizzare un'attività di vendita online ci saranno molti obiettivi secondari da raggiungere e ottimizzare in maniera costante come per esempio:

1. stabilire nicchia e settore di mercato di cui ti occuperai;
2. ricercare i migliori fornitori del prodotto che venderai;

3. stabilire quanti e quali prodotti stoccare in magazzino;

4. realizzare un sito web e-commerce per la vendita;

5. ottimizzare il sito per il posizionamento sui motori di ricerca;

6. creare e gestire la pubblicità;

7. organizzare e ottimizzare il supporto clienti;

8. tutte le altre faccende inerenti.

Ecco perché il tuo schema o progetto, conterrà diversi obiettivi secondari da raggiungere in base alla tipologia di obiettivo finale, alla tipologia di progetto che realizzi e quindi in base alle diverse varianti che rispondano alla domanda: «Cosa è necessario avere o fare (per raggiungere l'obiettivo primario)?»

Il tuo *schema obiettivi* presenterà già delle informazioni chiare e ben definite dopo che tu avrai identificato e compilato quelli che sono gli obiettivi secondari. Ma per creare uno schema davvero completo è necessario inserire delle informazioni precise e dettagliate che ti permetteranno non solo di compiere delle determinate azioni idonee e appropriate per raggiungere i sotto-obiettivi e quindi l'obiettivo primario, ma anche di porre le basi per aumentare la tua produttività.

Ecco che è quindi necessario aggiungere al nostro *schema obiettivi* altre informazioni in maniera ordinata, e quindi un altro sotto-gruppo degli obiettivi secondari. Queste informazioni rappresentano delle precise azioni da svolgere per raggiungere e ottimizzare il raggiungimento degli obiettivi secondari. Sarai facilitato nell'individuare nell'inserire nello schema queste importantissime informazioni rispondendo a questa domanda: «Quali azioni dovrò svolgere per raggiungere e ottimizzare ciascun obiettivo secondario?»

Come puoi vedere dallo schema esempio visualizzato sotto (realizzato con il software FreeMind), ciascun obiettivo secondario dovrà indicare delle specifiche azioni da svolgere al fine non solo di raggiungerlo, ma anche di ottimizzarne il raggiungimento.

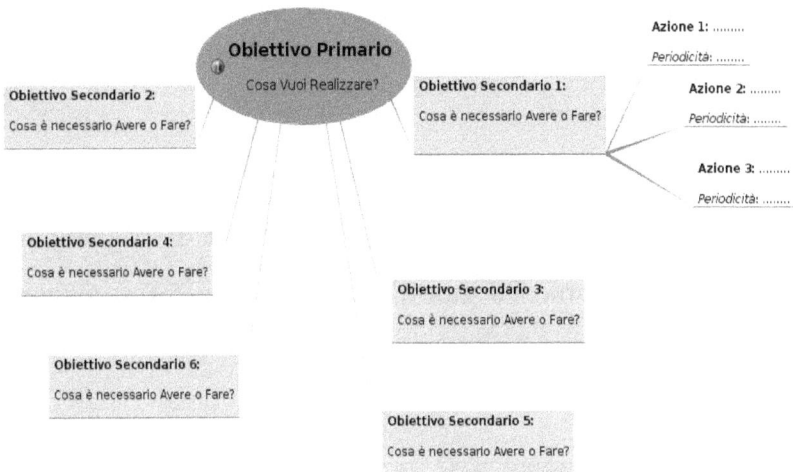

Con questo schema chiaro e dettagliato, hai tutte le informazioni necessarie per ottimizzare e incrementare la tua produttività in relazione al tuo progetto. Come avrai notato, ogni singola azione riporta anche una "periodicità" in cui svolgerla. Questo è un aspetto molto importante per un possibile incremento di produttività. Ci sono infatti determinati sotto-obiettivi, che oltre a raggiungere dovrai anche ottimizzare in maniera costante.

Prendiamo per esempio un progetto che ha come obiettivo finale la realizzazione di un'attività di vendita online. Uno degli obiettivi secondari potrebbe essere quello di stabilire l'elenco dei migliori fornitori. Una delle azioni legate a questo obiettivo secondario potrebbe essere la ricerca online di nuove aziende fornitrici.

Queste potrebbero riservarti prezzi migliori, migliori scontistiche riservate, minimi d'ordine inferiori, modalità di pagamento più vantaggiose (esempio 90 giorni invece di 30 o 60) o magari una qualità del prodotto maggiore.

Tutte situazioni vantaggiose per la tua attività, situazioni che potrebbero facilitare l'incremento del tuo business e della tua produttività. Ma cosa succederebbe se ti limitassi a svolgere questa azione una sola volta? Sicuramente perderesti i grandi vantaggi che il mercato ha da offrirti, perderesti importanti sviluppi del mercato online, dell'import-export e del mercato oltreoceano.

È quindi determinante svolgere questa specifica azione, ovvero la ricerca di nuovi fornitori, periodicamente (per esempio ogni due mesi) in modo da tenerti aggiornato sugli sviluppi del mercato.

Se invece l'obiettivo secondario è l'ottimizzazione del posizionamento del tuo negozio online nei motori di ricerca, le azioni collegate a tale obiettivo potrebbero essere quelle di effettuare delle campagne *article marketing* periodiche, oppure campagne *blog marketing*, partecipare alle discussioni nei forum tematici ecc. Anche a queste azioni specifiche dovrai assegnare una periodicità, che ovviamente andrà rispettata. Ecco quindi come potrebbe presentarsi uno schema esempio basato su obiettivi e adatto alla realizzazione del tuo progetto:

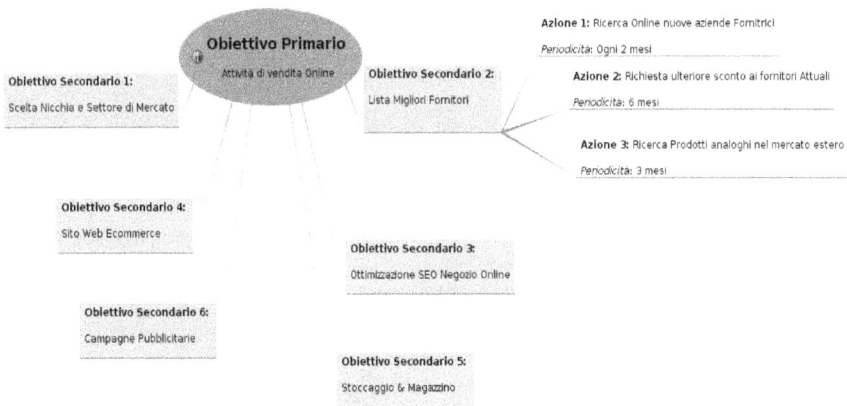

Ovviamente, nello schema riportato, le voci sono solo a titolo d'esempio e ogni obiettivo secondario va completato con le relative azioni da svolgere e la periodicità con cui andranno svolte. Ricorda un aspetto importante: per incrementare la tua produttività è necessario analizzare una serie completa di dati e informazioni. Quindi più informazioni conterrà il tuo schema, più chiaro sarà il "quadro" della situazione e le possibili scelte migliorative che potrai apportare al fine di aumentare la tua produttività.

SEGRETO n. 3: uno schema obiettivi completo e ricco di informazioni è la prima base concreta che supporta l'incremento di produttività.

Ecco perché è fondamentale partire con un progetto ben definito e stilato su carta. Che tu scelga di creare il tuo schema obiettivi con il software di mappe mentali, sia in maniera semplificata su un semplice foglio di carta, tieni presente che le informazioni contenute nello schema ti serviranno per incrementare la tua produttività.

Uno schema obiettivi completo e dettagliato significa per te idee chiare e bene definite e molte possibilità di miglioramento. Uno schema scarno e ridotto all'osso, lascerà poco spazio all'incremento di produttività e pregiudicherà anche il raggiungimento dell'obiettivo primario.

Ora immagina uno schema completo con obiettivo primario, cinque o sei obiettivi secondari e quattro/cinque azioni specifiche per ogni obiettivo secondario. Ti ritroverai ad avere trenta azioni specifiche da svolgere periodicamente: questo ti permetterà facilmente di creare un calendario di eventi quotidiani, una semplice lista di cose da fare ogni giorno in merito al tuo progetto, al tuo business, al tuo lavoro o alla tua attività. Solo questo tipo di pianificazione è già da considerarsi un incremento di produttività.

Avere le idee chiare e precise su cosa fare ogni giorno, significa evitare di perdere tempo inutilmente. Sapere in anticipo cosa dovrai fare domani e nel fine settimana, ti permetterà di preparare la mente per svolgere quelle determinate azioni, concentrarti in maniera adeguata e soprattutto non dovrai pensare a cosa fare l'indomani.

Ecco perché è necessario anche **assegnare una priorità** ad ogni voce inserita nello schema. In questo modo saprai in anticipo quali cose devi fare per prime e, in base al lavoro da svolgere, puoi programmare in quali momenti della giornata è più opportuno svolgere determinate faccende piuttosto che altre.

Man mano che il tuo calendario giornaliero viene svolto, potrai notare l'andamento del tuo lavoro, monitorarne i risultati, evidenziare possibili lacune e studiare possibili e opportune modifiche migliorative. Tutto questo è impossibile se lasci tutto al caso o se anche tu ti lasci andare al classico ragionamento deleterio del tipo: «Non ho bisogno di schemi, non ho bisogno di scrivere nulla, io ho tutto scritto nella mia mente».

Quindi, se hai già creato il tuo schema obiettivi o lo hai rivisto (nel caso lo avessi già preparato) secondo le indicazioni che ti ho dato, hai già avviato il tuo personale incremento di produttività.

Creare in primo luogo degli schemi di tipo visuale come quelli che puoi visualizzare nelle immagini che ho riportato, ti può essere di aiuto per iniziare a collocare le voci degli obiettivi e le relative azioni necessarie nel giusto posto. Quindi, specialmente se è la prima volta che crei uno schema obiettivi per un nuovo progetto, ti consiglio di utilizzare il software per le mappe mentali FreeMind e farti così aiutare dalla grafica visuale.

In secondo luogo, quando avrai chiare le idee sul tuo schema personale, potrai utilizzare tranquillamente le schede allegate a questo corso, meno grafiche ma ugualmente ordinate e pronte per essere compilate.

Identifica la tua posizione
Parliamo ora di un aspetto davvero importante al fine di incrementare la tua produttività, *identificare la tua posizione* in merito a ciascun obiettivo e relativa azione da svolgere. È una strategia necessaria perché ti permette di capire dove tu puoi arrivare con le tue sole forze e dove invece sarà necessario avvalerti di consulenze o di un aiuto esterno per raggiungere un determinato obiettivo.

In questo modo puoi fin da subito programmare quali parti del tuo progetto dovrai affidare in *out sourcing (*esternalizzare*)*, e quali parti invece potrai portare a termine da solo in quanto possiedi sufficienti competenze e capacità per poterlo fare senza problemi. Identificare la tua posizione è molto semplice, ti basta prendere come riferimento ogni obiettivo primario, obiettivo secondario e ogni azione necessaria contenuti nello schema obiettivi riferiti al tuo progetto e rispondere per ognuno di essi a queste domande auto esaminatrici:

- **Domanda 1**: «Ho sufficienti competenze e abilità per raggiungere questo obiettivo *(o svolgere questa determinata azione)*?»

- **Domanda 2**: «Quali sono le mie competenze e abilità in merito a tale obiettivo o azione da svolgere?»

- **Domanda 3**: «Le risposte alle domande 1 e 2 evidenziano la necessità di cercare e affidare lo svolgimento di quella determinata azione a consulenti o collaboratori esterni?»

Le informazioni che otterrai effettuando questo auto-esame ti permetteranno di determinare quale è la tua posizione in seno all'intero progetto. Capirai fin da subito qual è la reale necessità di affidare parti del tuo progetto a personale competente esterno, e questo ti permetterà fin da subito di ricercare online oppure offline persone con le competenze necessarie che possano svolgere quello che tu non sarai in grado di fare.

In questo modo puoi iniziare prima (risparmiando tempo prezioso) a valutare le varie offerte di consulenti esterni e trovare persone con le competenze richieste, capaci di offrirti le loro consulenza a basso costo.

SEGRETO n. 4: capire e determinare qual è la tua reale posizione, significherà già da subito prevedere le fasi di out sourcing e incrementare la tua produttività.

Saltare questa importante fase, ossia determinare la tua posizione in seno al tuo progetto e ai tuoi obiettivi, sarebbe un grosso errore. Tralasciare questa analisi significa nella maggior parte dei casi, perdere tanto tempo nelle fasi successive, avere meno tempo per valutare le offerte di prestazioni e consulenze out sourcing e incappare in errori grossolani. In parole povere significherebbe frenare l'incremento della tua produttività.

Ecco che, completando il discorso schemi e progetti, non può mancare nel tuo schema obiettivi una casella da spuntare a fianco ad ogni voce. Spunterai questa casella se dopo aver compreso la tua reale posizione in merito, capirai che lo svolgimento di una determinata azione va per forza di cose affidata a consulenze esterne.

RIEPILOGO DEL CAPITOLO 1:

- SEGRETO n. 1: Senza obiettivi chiari e definiti NON puoi incrementare la tua produttività e quindi non potrai mai portare a termine con successo il tuo progetto.

- SEGRETO n. 2: È necessario focalizzare e saper collocare nel giusto ordine di importanza ogni obiettivo primario e i relativi obiettivi secondari.

- SEGRETO n. 3: Uno schema obiettivi completo e ricco di informazioni è la prima base concreta che supporta l'incremento di produttività.

- SEGRETO n. 4: Capire e determinare qual è la tua reale posizione, significherà già da subito prevedere le fasi di out sourcing e incrementare la tua produttività.

CAPITOLO 2:

Come organizzare la gestione di tempo e risorse

Prendiamo ora in esame un altro aspetto essenziale al fine di incrementare la tua produttività, l'ottimizzare la gestione del tuo tempo e delle tue risorse. Imparare a gestire il tempo è uno degli aspetti più complicati nella vita d'ogni giorno. Il tempo a nostra disposizione sembra non bastare mai. Molte volte siamo costretti a sottrarre tempo al sonno e al riposo e molte volte alla famiglia e ai nostri figli.

Il primo grande errore in cui NON devi mai incappare è proprio questo. Il tuo lavoro, il tuo business oppure semplicemente il tuo hobby, NON dovrebbe mai portare via del tempo alla tua famiglia, a tua moglie, ai tuoi figli, al tuo sonno e al tuo riposo.

Lasciare che questo accada significa staccare un biglietto di sola andata verso stress, insonnia, problemi di salute di vario genere, insoddisfazione familiare e di conseguenza il totale insuccesso nel tuo lavoro e nel raggiungere gli obiettivi che ti sei prefisso.

SEGRETO n. 5: non puoi pensare di incrementare la tua produttività sottraendo tempo al riposo e alla tua famiglia senza conseguenze negative.

È quindi sul restante tempo che ti resta che devi studiare un'ottimizzazione e un incremento di produttività. Sembra un'impresa alquanto ardua ma se seguirai alcuni pratici suggerimenti vedrai che potrai farlo in maniera semplice e senza sacrificare nulla di prezioso.

Assegnare una priorità alle faccende o lavori da svolgere
Ogni azione necessaria al raggiungimento di un obiettivo ha necessariamente una priorità rispetto a un'altra. È quindi necessario che tu, dopo aver stilato il tuo progetto su carta (o software in base alle tue preferenze), passi in rassegna tutte le voci inserite (obiettivi, azioni necessarie) e dopo un'attenta considerazione assegni a ognuna di esse una priorità. Questo significherà per te un prospetto chiaro e ordinato, dove nulla è lasciato al caso e dove si può iniziare a fare i dovuti conti.

Pianificare il tempo necessario per svolgere ciascuna faccenda
Suddividere le faccende in base al tempo necessario per completarle. Per poter collocare ciascun compito nel giusto posto, dovrai calcolare per ciascuna faccenda, azione o compito da svolgere il tempo necessario per poterla svolgere (ovviamente in maniera approssimativa).

Attenzione: in questo caso e soprattutto per faccende o lavori da svolgere in maniera periodica, forse sarà necessario svolgerle una prima volta per valutare il tempo necessario richiesto. Non è un problema, anzi man mano che le svolgerai potrai aggiornare i dati riferiti al tempo impiegato e richiesto per lo svolgimento e questo ti permetterà di creare una programmazione delle tue attività ancora più preciso, dettagliato e propenso all'incremento della produttività.

Collocare le faccende che necessitano di maggior tempo per essere completate prima delle altre
Nella lista delle faccende da svolgere (fai sempre riferimento al tuo schema obiettivi) noterai dopo la tua attenta analisi e valutazione, che alcune faccende o lavori da svolgere,

richiederanno più tempo di altre. Queste faccende andranno collocate prima delle altre assegnando quindi una priorità maggiore nel corso della tua giornata o settimana lavorativa. È sempre bene, infatti, svolgere tutte quelle faccende che richiedono maggior tempo e concentrazione prima delle altre. In genere, i lavori che richiedono più tempo sono anche quelli più articolati e che richiedono una costante attenzione e concentrazione.

È quindi buona cosa che tali faccende siano svolte per prime, magari nelle prime ore della giornata, quando la tua mente è fresca, riposata e predisposta per lunghi periodi di concentrazione. Svolgere invece i lavori più lunghi per ultimi potrebbe comportare un risultato nettamente inferiore: stanchezza, poca concentrazione (dato che prima si sono svolte altre faccende più brevi ma comunque nell'insieme impegnative), e maggiore possibilità di distrazione ti faranno perdere tempo e molto probabilmente commettere diversi errori.

In alcuni casi potresti ritrovarti alla fine della giornata (intesa come giornata lavorativa) senza aver concluso il lavoro in questione, compromettendo il tuo programma e la tua produttività.

È quindi arrivato il momento di prendere la tua agenda, carta e penna e creare una lista definitiva di lavori o faccende da svolgere giornalmente, in base ai criteri che ti ho indicato pocanzi. Io personalmente per gestire la mia attività online, ho sempre utilizzato una semplice agenda dove ho annotato giornalmente le faccende da svolgere in maniera precisa e dettagliata secondo il metodo che ti ho indicato.

Posso dirti con certezza che questa metodica mi ha permesso di svolgere in maniera ottimale le mie attività, realizzare tutti i miei progetti e raggiungere i miei obiettivi senza particolari problemi, senza togliere tempo alle cose più importanti, ovvero mia moglie, i miei figli e il riposo.

SEGRETO n. 6: impara a pianificare giornalmente le attività assegnando ad esse il giusto ordine in base alla priorità e tempo necessario.

Sicuramente, gli strumenti e le tecnologie che il web 2.0 ha da offrire possono essere d'aiuto: lo sono stati anche per me e li utilizzo quotidianamente. In particolare ti consiglio di utilizzare ausili e strumenti per la gestione giornaliera delle attività, e mi sento di consigliarti tre semplici strumenti gratuiti ma molto validi:

- calendario Google;
- Nitro task manager;
- semplice agenda tascabile.

Google Calendar è uno strumento gratuito ma molto valido, per creare una lista di cose da fare giornalmente, impostarne priorità, orari, notifiche e quant'altro ti serva per essere operativo e reattivo in tal senso.

Creare un account Google è gratuito, ma grazie ad esso avrai a tua completa disposizione una serie di strumenti davvero validi per gestire le tue attività e incrementare la tua produttività. Un account Google ti fornisce non solo un indirizzo di posta elettronica Gmail, ma anche il calendario, l'interfaccia Google Talk per chattare o videochiamare i tuoi collaboratori senza muoverti dall'ufficio, nonché la suite Google Docs per creare documenti e condividerli con i tuoi collaboratori, e molto altro ancora.

Puoi creare e attivare gratuitamente il tuo personale account dal seguente link: https://accounts.google.com/signup?hl=it

Crea un nuovo account Google

Il tuo account Google non si limita soltanto alla Ricerca.

Porta tutto con te.

Condividi pochi o tanti contenuti.

Nome

Scegli il tuo nome utente

Crea una password

Conferma la password

Data di nascita

Sesso

Cellulare

Il tuo indirizzo email attuale

Dimostra di non essere un robot

Ora ti mostrerò in poco tempo come gli strumenti gratuiti offerti da Google possono realmente incrementare la tua produttività e farti risparmiare tempo e risorse soprattutto se lavori online, o se hai la necessità di condividere e interfacciare le informazioni con altri tuoi collaboratori.

Iniziamo con la funzione Calendario offerta da Google, un'agenda elettronica precisa e dettagliata a tua disposizione, che ti avvisa e ti ricorda ogni singolo evento in maniera impeccabile!

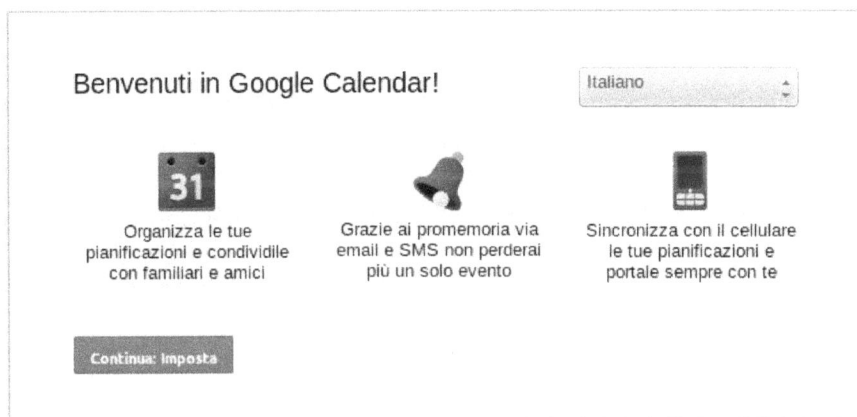

Una delle funzioni più apprezzate, è la sincronizzazione automatica di Google Calendar con il tuo smartphone, il che ti permette di avere tutte le tue attività programmate in tasca.

Il sistema ti permette anche di condividere e coinvolgere se necessario anche altre persone nelle attività programmate, pianificando non solo *cosa*, *dove* e *quando*, ma anche *con chi*. Nel caso i tuoi progetti coinvolgono un team, una tua squadra, o dei semplici collaboratori, questa funzione è davvero straordinaria. Puoi per esempio programmare un briefing, o una conferenza in una determinata data e avvisare automaticamente i tuoi collaboratori!

Google Calendar, funge anche da piccolo segretario dato che per ogni evento o faccenda che tu programmerai, potrai ricevere dei promemoria e notifiche sia tramite email, sia tramite SMS oppure, grazie alla sincronizzazione con cellulari e smartphone, delle vere e proprie "sveglie sonore" con tanto di notifica testuale della faccenda che devi svolgere.

Il tutto può essere programmato in maniera anticipata rispetto all'ora fissata dell'evento, e ripetuta nel caso sia necessario. In base alle tue preferenze, puoi creare una sorta di segretario o agenda "dinamica", cosa che è notevolmente vantaggiosa soprattutto se durante il giorno porti con te un cellulare o smartphone.

Ricevi promemoria degli eventi

Google Calendar può inviarti promemoria sugli eventi via email, tramite una finestra a comparsa nel browser web e/o un SMS al tuo telefono cellulare. Puoi eseguire l'impostazione in basso.

In che modo vuoi ricevere il promemoria?

Email   30 minuti   prima di ogni evento

Popup   30 minuti   prima di ogni evento

SMS   Italia   Inserisci n. cellul   Invia codice

Google non richiede alcun pagamento per l'invio di SMS, ma il tuo gestore telefonico potrebbe.

Puoi anche impostare promemoria personalizzati per ciascun evento. Ulteriori informazioni

Indietro   Continua: Sincronizza con il cellulare

Ovviamente *Google Calendar* non è una semplice agenda, ma lascia spazio a diverse personalizzazioni, impostazioni e visualizzazioni, che rendono ancora più efficace il suo utilizzo in campo lavorativo.

Cliccando sul pulsante "Crea" potrai creare un evento programmato con i relativi messaggi di notifica e condivisioni.

Ci sono tantissime variabili da poter impostare, come l'orario, la periodicità (spuntando la casella *ripeti*), la possibilità di allegare file e documenti da visualizzare, la condivisione dell'evento creato con possibili collaboratori o colleghi di lavoro, nonché dare la possibilità a eventuali collaboratori non solo di visualizzare l'evento e le rispettive notifiche, ma anche di modificare ciascun evento e aggiornarlo in base alle esigenze.

Questo fa di *Google Calendar* un formidabile strumento non solo personale, ma anche per lavorare in un team in maniera dinamica, precisa e sincronizzata.

Un altro strumento gratuito offerto da Google, davvero utile per ottimizzare la propria produttività è la suite Google Drive. Grazie a Google Drive, hai la possibilità di gestire un archivio di documenti, presentazioni e fogli di calcolo che potranno anch'essi essere modificati da qualunque postazione, richiamati e collegati a *Google Calendar* e scaricati sul qualunque PC.

Anche in questo caso i vantaggi sono notevoli soprattutto se la realizzazione di un tuo progetto coinvolge anche altre persone o collaboratori. Con Google Drive, ogni documento può essere messo in condivisione con uno o più collaboratori e ognuno potrà apportare i dovuti cambiamenti e aggiornamenti allo stesso documento in tempo reale.

Questo significa che un eventuale programma lavori può essere visualizzato e aggiornato da più persone simultaneamente, le quali potranno evidenziare eventuali lavori già svolti, inserire suggerimenti o proposte di modifica al piano lavoro. Il tutto senza carta, senza telefonate o email, ma solo ed esclusivamente con un unico foglio formato word o Excel, creato online con *Google Drive* e condiviso con i tuoi collaboratori.

Io personalmente ho utilizzato molte volte questo sistema quando sviluppavo progetti in out sourcing con programmatori esterni, e grazie a questa metodica ho potuto risparmiare molto tempo, oltre che avere sempre una visione completa e aggiornata dei lavori in tempo reale, una situazione che ha facilitato notevolmente l'*incremento di produttività*.

Ovviamente, tutti gli strumenti offerti da Google (sia Calendar che la suite Docs e quindi Google Drive) interagiscono perfettamente con Gmail il miglior servizio di posta elettronica che a mio avviso non dovrebbe mai mancare a chiunque svolga un lavoro online, o comunque intenda avvalersi dei servizi e tecnologie web per aumentare la propria produttività. Non a caso la suite Google include anche **Google Talk** un software di messaggistica istantanea e Videochat che può essere integrata nella stessa interfaccia Gmail.

Go gle   Seleziona una lingua ▼   Guida

Dai un'occhiata alle varie modalità disponibili per chattare dal desktop e sul Web:

Plug-in per chat vocale e video	Software Google Talk

- Chatta in Gmail. iGoogle e orkut
- Tutto sul Web
- PC e Mac

Ulteriori informazioni »

Installa plug-in per chat video

È richiesto Windows XP e versione successiva
oppure
Mac OS X 10.4 e superiori
Linux

- Chatta dal desktop
- Invia e ricevi file
- Solo per PC

Ulteriori informazioni »

Scarica Google Talk

È richiesto Windows XP o versione successiva

Effettuando il download. lei acconsente ai nostri
Termini di servizio e Norme sulla privacy

Quindi, nel caso problemi e questioni da risolvere con i tuoi collaboratori rendano necessario un colloquio dal vivo, puoi farlo senza muoverti dall'ufficio.

Un altro strumento molto valido per pianificare le tue attività è il software **Nitro Task Manager.** Questo software è semplice, intuitivo anche per i meno esperti e ti permette di programmare le tue faccende assegnando priorità e scadenze.

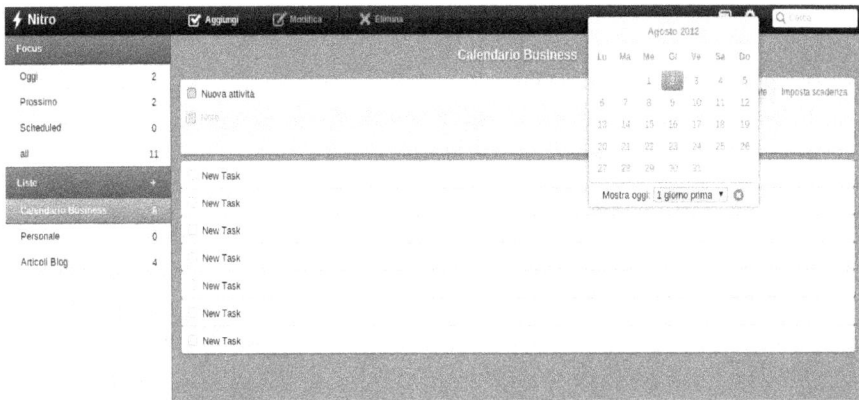

L'interfaccia è semplice e intuitiva, e non manca il sistema di sincronizzazione con Dropbox (in futuro è previsto anche lo sviluppo della sincronizzazione con Google Drive).

Il punto forte di questa applicazione è la possibilità di installarla come semplice plug-in dei browser Google Chrome e Mozilla Firefox, il che significa (come per la suite Strumenti Google), poterlo utilizzare e aggiornare da **qualunque postazione fisica** (nel caso tu utilizzi Google Chrome) e PC.

Se ritieni più opportuno l'utilizzo di Nitro Task Manager per le tue esigenze, puoi scaricarlo direttamente dal sito ufficiale: http://nitrotasks.com/

SEGRETO n. 7: utilizza gli strumenti Web e PC per sincronizzare e pianificare gli eventi e gestire le tue faccende in maniera centralizzata.

Che dire invece se non hai dimestichezza con il PC e non te la senti di imparare a utilizzare gli strumenti Web di cui ti ho parlato, oppure i progetti che richiedono un incremento di produttività si riferiscono a situazioni lavorative o professionali offline?

In questo caso, la pianificazione degli eventi giornalieri secondo le metodiche indicate, è sempre e comunque necessaria al fine di incrementare la tua produttività sia essa riferita al campo lavorativo, professionale, imprenditoriale o sociale, indipendentemente dal fatto che i suddetti campi si applichino online oppure no.

Se non usi il computer, internet e i suoi strumenti, non dovrai fare altro che acquistare una bella agenda professionale in formato A5, possibilmente con fogli ad anelli intercambiabili e inserire tutte le informazioni scrivendole a penna o matita.

Non ti nascondo che in alcuni periodi l'ho fatto anche io preferendolo agli strumenti online. Ricordo, infatti, quando nel 2008, lavoravo per aziende esterne sempre nel campo Internet marketing, e tutta la programmazione delle mie attività era scritta sulla mia agenda personale.

La portavo sempre con me, anche quando svolgevo altre faccende, perché in questo modo potevo consultarla e apportare miglioramenti alla programmazione delle attività. Mi ha fatto compagnia per parecchio tempo e posso dire che è stato un ausilio che mi ha permesso di ottimizzare e incrementare la mia produttività in quelle circostanze.

Dopo aver trattato in breve una panoramica sugli strumenti utili per pianificare e calendarizzare le tue attività con precisione, parliamo ora di **quattro pericoli** da saper riconoscere ed evitare se non vuoi compromettere la tua produttività.

Distrazioni e perdite di tempo
Per incrementare la tua produttività è necessario che tu sappia riconoscere ed evitare le distrazioni e perdite di tempo. Per esempio, collegarti in rete e girovagare sul web senza reali obiettivi è una delle situazioni più comuni e "meschine" per farti perdere tempo prezioso.

Ho dovuto affrontare lo stesso problema tempo fa, e mi sono reso conto effettivamente che, alla fine della settimana, se calcolavo il tempo impiegato a navigare online senza sapere in realtà cosa stavo cercando o senza cercare nulla in particolare, il bilancio era pesante: *dalle cinque alle sette ore settimanali dedicate alla navigazione online senza obiettivi specifici.*

Stiamo parlando quasi di una giornata lavorativa: veramente troppo. Una leggerezza che ha influito negativamente sulla mia produttività in quel periodo. Forse non è il tuo stesso problema ma, indipendentemente dalle ore che dedichi alla navigazione in rete, sappi che navigare sul web senza sapere cosa cercare e perché stai cercando determinate informazioni *(senza obiettivi specifici)*, può essere considerata una perdita di tempo prezioso, tempo che potrebbe invece essere ben impiegato se utilizzassi la rete con degli obiettivi specifici.

Programmando in anticipo cosa hai bisogno di cercare e come le informazioni che potresti trovare potrebbero migliorare la tua produttività, puoi trasformare questo **tempo perso** in tempo **investito** per aumentare la tua produttività.

Questo aspetto è essenziale sia che tu lavori online e utilizzi internet per il tuo lavoro con l'obiettivo di aumentare la tua produttività, sia che tu lavori offline e magari utilizzi la rete per cercare soluzioni migliorative per la tua azienda (materiali, macchinari, prodotti, consulenze ecc.).

In entrambi i casi, il discorso non cambia: Internet può essere un grande strumento per ottimizzare e incrementare la tua produttività, in qualsiasi campo lavorativo di applicazione, ma può diventare anche una causa di regressione se non utilizzato nel giusto modo.

Ogni tanto, a chiunque (me compreso) piace navigare online come semplice svago, senza un obiettivo fisso, e senza pensare minimamente al lavoro. Questo è buono, può essere un ottimo strumento di relax: io per esempio mi rilasso tantissimo quando ogni tanto la sera, mentre sono seduto sulla poltrona e mi gusto un buon caffè, navigo su internet con il mio portatile lasciandomi guidare dalla semplice curiosità.

Ovviamente è piacevole e NON diventa dannoso in termini di produttività se questi periodi vengono limitati e programmati a dovere. Che dire dell'utilizzo dei social network? Beh, i social network sono diventati oramai parte integrante della vita quotidiana delle persone. Mentre avrai finito di leggere questa frase, migliaia di persone in tutto il mondo avranno aggiornato il loro profilo Facebook e postato un nuovo *tweet* su Twitter.

Anche in questo caso, e soprattutto se i tuoi profili Twitter e Facebook sono semplici profili personali e non hanno alcuna relazione con il tuo lavoro, stai attento a non esagerare per quanto riguarda il tempo dedicatogli.

Sai inoltre qual è l'attività web che piace tantissimo alle persone ma che potrebbe portare via molto tempo? Passare molto tempo a guardare i video su Youtube.

Io personalmente considero Youtube uno dei migliori strumenti per imparare e formarsi su determinate tecniche o metodiche. Grazie ai video Youtube, ogni neofita può imparare a fare qualche cosa di importante, qualche cosa che può permettergli di raggiungere i propri obiettivi.

Quindi, in realtà Youtube è uno strumento di formazione eccezionale, ma anche in questo caso va usato con criterio. Ad esempio, c'è una bella differenza fra utilizzare Youtube per guardare i video più popolari o più visti della settimana (senza quindi un target specifico), e svolgere la stessa azione con obiettivi ben precisi e determinati. In genere guardare video

Youtube senza una meta specifica, comporta un gran dispendio di tempo utile.

Diverso utilizzare invece lo stesso strumento con degli obiettivi specifici, riferiti a un determinato target di ricerca. Ad esempio, un ipotetico sig. Mario Rossi, sta valutando come l'utilizzo di un sistema operativo open source in azienda potrebbe aumentare la produttività aziendale o ridurre i costi di licenza, ecco che utilizza Youtube con un obiettivo specifico: *Imparare a installare un sistema operativo Linux sul Pc.*

In questo caso, il sig. Mario Rossi potrebbe anche impiegare molte ore per visualizzare svariati video Youtube che mostrano caratteristiche, modalità di installazione e pregi di un sistema operativo open source come Ubuntu, ma lo fa con obiettivi specifici.

Mario Rossi potrebbe essere in grado nei giorni successivi di installare, configurare e utilizzare Ubuntu Linux su tutti i 50

PC aziendali, a garantire alla sua azienda un risparmio di 4000/6000 euro non dovendo più acquistare delle licenze Windows.

Anche in questo caso, non voglio assolutamente demonizzare o creare una sorta di vita programmata a livello drastico. Visualizzare video divertenti e curiosi su Youtube è piacevole, e può essere rilassante, NON diventa dannoso in termini di produttività se questi periodi vengono limitati e programmati a dovere.

Il segreto è saper limitare l'utilizzo di Internet e di Youtube così come eventualmente dei social network, nelle ore della giornata o della settimana riservate al riposo o allo svago, se il relativo utilizzo è semplicemente a scopo di svago, senza quindi obiettivi legati al tuo lavoro o produttività.

Non bisognerebbe mai invece, utilizzarli a tale scopo mentre stai lavorando, o comunque nel tempo riservato all'ottimizzazione del tuo lavoro, al raggiungimento dei tuoi obiettivi o mentre stai cercando soluzioni migliorative per aumentare la tua produttività.

SEGRETO n. 8: riconoscere ed evitare con autodisciplina le distrazioni e perdite di tempo ti faranno incrementare la produttività.

Stare in compagnia con le persone sbagliate
Questo punto non è da mal interpretare. Tu puoi e devi stare in compagnia con le persone che desideri, ma nel periodo in cui sei concentrato per il tuo lavoro e sei concentrato su come aumentare la tua produttività, ti sarà molto d'aiuto selezionare le compagnie.

Se durante questi periodi stai in compagnia di persone negative e statiche (poco propensi a trovare soluzioni, studiare nuove metodologie, in generale con poca o nessuna inventiva e poco disposte a mettersi in gioco nella vita d'ogni giorno), questo potrà influire negativamente sulla tua produttività, ti accorgerai che anche tu avrai poca voglia di studiare soluzioni, poca voglia di porti degli obiettivi da raggiungere e addirittura poca voglia di valutare solo la possibilità di poter aumentare la tua produttività (es.: «Penso che più di così non posso proprio fare»).
Se invece, durante questi periodi, stai in compagnia di persone positive e dinamiche (attiviste, propense a trovare soluzioni,

studiare nuove metodologie, in generale con buona inventiva e disposte a provare, mettersi in gioco nella vita d'ogni giorno) noterai tu stesso la differenza e l'influenza positiva che queste compagnie potranno avere sul tuo lavoro e sulla tua voglia di porti obiettivi e di incrementare la tua produttività.

D'altro canto si sa, tutti noi tendiamo anche inconsapevolmente a farci influenzare dal carattere e dai modi di pensare di chi ci sta intorno, ecco perché è importante selezionare le giuste compagnie quando hai intenzione di concentrarti per realizzare un tuo progetto legato al tuo lavoro, a un tuo hobby o passione, sempre con l'obiettivo di aumentare la tua produttività.

Assicurati anche di avere sempre a tua disposizione un ambiente di lavoro confortevole. E tutti gli strumenti di cui hai bisogno per lavorare a portata di mano.

Lavorare su più progetti contemporaneamente
Anche questo è un errore da evitare, parlo per esperienza. Se provi a lavorare su più progetti o obiettivi contemporaneamente, hai scarse probabilità di portare a termine un lavoro

qualitativamente soddisfacente.

Se stai pensando di lavorare su più progetti contemporaneamente o anche su semplici e brevi faccende, il discorso non cambia. Non siamo computer, siamo esseri umani. L'essere umano non è predisposto per il multitasking come invece lo sono i computer!

La prima cosa che mi è stato insegnato dalla mia insegnante della prima elementare è stata: «Non si possono fare due cose alla volta». In effetti, se provi a lavorare su più faccende contemporaneamente ti accorgerai che almeno una di esse non sarà svolta correttamente o completamente.

Lavora invece su un progetto, obiettivo e faccenda alla volta. Passa a quello successivo solo quando l'obiettivo precedente è stato raggiunto completamente. Concentrarsi su più cose contemporaneamente può portare a confusione mentale, stanchezza eccessiva e sicuramente non è un bene per la tua produttività.

Io personalmente ho provato all'inizio della mia carriera online, a lavorare su più progetti contemporaneamente, ma il risultato è stato pessimo, ho dovuto cestinare il tutto e ricominciare da capo perdendo così moltissimo tempo prezioso. Anche quando lavoravo come consulente esterno e mi veniva quasi "imposto" di lavorare su più progetti contemporaneamente, ciò aveva un effetto negativo sulle mie capacità e risorse: ero molto più stanco, meno concentrato, meno produttivo.

Solo quando avrai acquistato molta esperienza e utilizzato per diverso tempo le metodiche di incremento produttività nello sviluppo dei tuoi progetti, potrai valutare di dedicarti a più progetti contemporaneamente, ti verrà quasi naturale farlo, periodizzando i giorni dedicati al *progetto 1* e i giorni dedicati al *progetto 2*.

Io stesso, mentre all'inizio dovevo per forza di cose dedicarmi a un solo progetto e obiettivo alla volta per garantire qualità e successo, con il passare del tempo, l'esperienza e l'aver affinato le mie capacità di ottimizzare la produttività, posso permettermi di lavorare su più progetti contemporaneamente e farlo con efficacia. Ma sono passati diversi anni.

Avere un punto di vista errato sull'incremento di produttività

Se pensi che aumentare la produttività significhi solamente un aumento di *numeri* intesi come pezzi prodotti o fatturato mensile della tua azienda o attività, stai commettendo un grave errore.

Aumentare la produttività significa anche avere la stessa produzione mensile ma con un livello qualitativo superiore del prodotto. Significa avere lo stesso fatturato ma con un livello superiore di soddisfazione del cliente (e in questo caso, l'aumento di fatturato sarà una conseguenza indiretta sul lungo termine).

Oppure, aumentare la produttività può significare avere lo stesso fatturato e numero di pezzi prodotti o venduti mensilmente ma un livello superiore di soddisfazione unita a una miglior capacità di lavorare in squadra da parte del tuo team o dei tuoi operai o collaboratori.

Non meno importante, aumentare la produttività può significare avere lo stesso fatturato e numero di pezzi prodotti o venduti mensilmente ma con una gestione migliore e conseguente risparmio sugli investimenti da parte della tua azienda, impresa o società.

Nella maggior parte dei casi, un aumento della produttività NON direttamente collegata a un numero maggiore di vendite, pezzi prodotti o fatturato si definisce tale perché non solo porta sempre e comunque a situazioni migliorative, ma porta a lungo temine un beneficio anche di tipo economico-produttivo.

In ogni settore lavorativo, è infatti risaputo che un indice di gradimento maggiore, un livello di soddisfazione del cliente al 100%, una migliore gestione delle risorse e degli investimenti, un ambiente lavorativo armonioso e piacevole, un buon livello di soddisfazione da parte dei collaboratori o degli operai ecc., porta sempre a lungo temine anche se in maniera indiretta a un aumento dei profitti.

SEGRETO n. 9: è necessario avere la giusta attitudine mentale riguardo all'incremento riconoscendo anche i miglioramenti indiretti.

Quindi, se avevi valutato come *impossibile* o *improbabile* aumentare il numero di pezzi, fatturato o vendite mensili, ti consiglio di sederti a tavolino e riconsiderare il tuo programma alla luce di altri aspetti su cui aumentare la produttività, quelli di cui ti ho parlato pocanzi.

RIEPILOGO DEL CAPITOLO 2:

- SEGRETO n. 5: Non puoi pensare di incrementare la tua produttività sottraendo tempo al riposo e alla tua famiglia senza conseguenze negative.

- SEGRETO n. 6: Impara a pianificare giornalmente le attività assegnando ad esse il giusto ordine in base alla priorità e tempo necessario.

- SEGRETO n. 7: Utilizza gli strumenti Web e Pc per sincronizzare e pianificare gli eventi e gestire le tue faccende in maniera centralizzata.

- SEGRETO n. 8: Riconoscere ed evitare con autodisciplina le distrazioni e perdite di tempo ti faranno incrementare la produttività.

- SEGRETO n. 9: È necessario avere la giusta attitudine mentale riguardo all'incremento riconoscendo anche i miglioramenti indiretti.

CAPITOLO 3:

Come sfruttare le tecnologie del web per la produttività

Una delle basi fondamentali per l'aumento della produttività è data dalla gamma di strumenti che hai a disposizione per il tuo lavoro. Migliori saranno gli strumenti che utilizzi, maggiore sarà l'incremento di produttività che potrai ottenere.

Questo è particolarmente evidente e importante se lavori online, hai un business o un'attività di vendita svolta, promossa e pubblicizzata attraverso la rete web. Nel campo 2.0 e tecnologie web, sono diversi gli strumenti indispensabili che dovresti utilizzare al fine di ottimizzare il tuo lavoro, la gestione del tuo tempo, delle tue risorse e quindi garantirti la possibilità di incrementare la produttività.

Hosting e Spazio Web

Hai uno o più siti web? Oppure, hai intenzione di pubblicare e gestirne uno o più di uno?

Bene, allora sarai d'accordo con me che un'attività online, richiede spesso l'installazione e gestione di più piattaforme web, di script automatici e di applicazioni web necessarie per gestire al meglio il tuo lavoro. Molte volte però l'installazione manuale di una semplice piattaforma web come wordpress, oppure di un semplice negozio online basato su prestashop, richiede tempo e competenze specifiche, specialmente se sei un neofita e non particolarmente esperto nelle tecnologie informatiche e web based.

Oppure molte volte un'installazione manuale effettuata in maniera non corretta, provoca poi malfunzionamenti del tuo sito web o negozio online, con conseguente perdita di tempo e di possibili vendite, oltre che un impatto non proprio favorevole alla propria immagine professionale.

Anche gli aggiornamenti e la manutenzione a volte richiedono competenze, tempo dedicato e capacità di saper risolvere eventuali problematiche nel momento in cui è stato effettuato manualmente un aggiornamento in maniera non corretta.

Ecco che il primo grande strumento che devi saper scegliere se lavori online è il **servizio di Hosting Ideale**. Stiamo parlando di aumentare la tua produttività, quindi un servizio di hosting va scelto in questa chiave di ottimizzazione, valutando cosa ha da offrirti in tal senso. Ricorda che il servizio di Hosting è la base che supporterà tutto il tuo business online, che renderà visibile i tuoi siti web e funzionante il tuo sistema e-commerce 24 ore su 24 in tutto il mondo, quindi devi fare in modo che esso sia una base solida, stabile e definitiva.

In linea generale, un servizio di Hosting deve darti la possibilità di installare, disinstallare, creare siti web, creare database, utilizzare applicativi utili, senza necessità di esperienza da parte tua, senza limiti e in maniera completamente automatica. Il web è pieno zeppo di offerte Hosting che puoi valutare con calma, ma le caratteristiche necessarie che un hosting dovrebbe avere per garantirti un incremento della produttività sono le seguenti.

Spazio e banda sufficienti

Opta per servizi di hosting che ti offrono almeno 3 Gigabyte di spazio e 5 Gigabyte mensili di traffico/banda, con la possibilità di upgradare spazio e banda mensile quando le esigenze lo richiedono. Non ti consiglio di scegliere servizi di Hosting che offrono pacchetti inferiori senza possibilità di upgrade. Spostare i tuoi siti su un altro servizio di hosting nel momento in cui le tue esigenze saranno maggiori, significherà per te perdere tempo prezioso indispensabile per la tua produttività.

Illimitati database

I database sono per il funzionamento dei CMS, di Wordpress, di un Help Desk e di tanti altri script. Gli script sono applicazioni create per automatizzare la gestione di molti processi relativi alla vendita e gestione clienti e servono a farti risparmiare tempo e risorse, quindi a incrementare la tua produttività.

Devi quindi avere la possibilità di crearne illimitati e senza limiti di query da interrogare ogni ora. Un Hosting senza database o solo con un numero limitato di database disponibile non fa per te. Più applicativi potrai installare, più riuscirai a ottimizzare la gestione del tempo e delle risorse in termini di produttività.

Suite installazione Automatica Script
Necessarie per darti la possibilità di installare tantissimi script commerciali, le piattaforme ecommerce, CMS e altre applicazioni che potrebbero essere utilissime per il tuo lavoro, non devono mancare fra le caratteristiche del servizio di Hosting che scegli.

Esse, ti danno la possibilità di installare una o più applicativi (portali, help desk, forum, blog, siti web, CRM ecc.) in pochi secondi senza caricare file tramite FTP, senza modificarne le configurazioni e senza creare manualmente il relativo database. Un notevole risparmio di tempo e risorse, zero possibilità di errore e di conseguenti problemi di funzionamento da risolvere, le reputo indispensabili se vuoi incrementare la tua produttività.

Ce ne sono diverse, come per esempio **Fantastico De Luxe, Quickinstall, Installatron, Softaculos**. Sono tutte valide, ma darei una nota positiva aggiuntiva per Softaculos, che gestisce anche la scansione degli aggiornamenti disponibili e il relativo upgrade di ogni singola applicazione installata.

Per farti vedere quanto sia importante ai fini di incrementare la tua produttività l'utilizzo e la disponibilità di queste suite ti incoraggio a visualizzare il seguente video, dove ti mostro come in pochi secondi viene installato automaticamente un sito web basato su Wordpress e un negozio online pronto all'uso basato su Prestashop, entrambi già localizzati nella lingua italiana:

Video: http://www.youtube.com/watch?v=cU2VoNXZw8k

Esempio: Senza la suite di installazione automatica, l'installazione di wordpress già localizzato in italiano e di Prestashop anch'esso localizzato in italiano da parte di un utente con poca esperienza avrebbe **richiesto molto più tempo.** *In questo caso invece, l'installazione è stata effettuata in pochi minuti, e i relativi aggiornamenti saranno gestiti da Softaculos autonomamente.*

Suite creazione automatica Siti Web:
Necessarie per darti la possibilità di creare siti web in HTML (se lo preferisci alle piattaforme PHP) e gestirli online anche se non hai alcuna esperienza nel campo di pagine web e HTML. Alcune

di queste sono: **Sitebuilder**, **Sitereptile**, **Rvsitebuilder**.

Backup System

Un buon servizio hosting deve darti la possibilità di effettuare backup completi dei tuoi siti e database e scaricarne una copia sul tuo PC. Un errore o evenienza che renderebbe necessaria una copia di backup di un tuo sito web e tu non hai la possibilità di averla subito a disposizione, significherebbe per te una grossa perdita di tempo e di profitti, deleterio se vuoi incrementare la produttività.

Antivirus

La scansione antivirus del tuo server spazio web ti permette di evitare quelle brutte situazioni in cui i tuoi siti vengono hackerati e una pulizia di tipo manuale diventa come cercare un ago in un pagliaio. In queste situazioni si perde molto tempo e sorgono diversi problemi anche per quanto riguarda il posizionamento dei tuoi siti web sui motori di ricerca. Anche queste sono situazioni deleterie per la tua produttività, ma che puoi evitare se hai a disposizione un antivirus sul tuo server.

Supporto e Assistenza da personale italiano
Interfacciarti con un'assistenza clienti che non parla la tua lingua è problematico e non è mai produttivo. Opta quindi per un servizio che offra supporto e assistenza in italiano, a meno che tu non conosca bene anche la lingua inglese.

Queste sono alcune delle caratteristiche che fanno di un servizio di hosting uno strumento ideale per ottimizzare la tua produttività. Dato che ho sempre lavorato per lo sviluppo di servizi web capaci di ottimizzare la gestione del tempo e delle risorse e di aumentare quindi la produttività degli utenti, non posso che consigliarti il servizio di Hosting offerto da **Soluzione-Host.net**

Questo hosting offre tutte le caratteristiche professionali di cui ti ho parlato, essenziali per permetterti di incrementare la tua produttività, una base solida e stabile per la tua attività online, supportata da personale italiano. Consultando il sito ufficiale potrai anche visualizzare dei video relativi agli strumenti a tua disposizione e renderti conto di come essi possano influire in maniera sostanziale sulla tua produttività.

Sito Ufficiale:

http://www.soluzione-host.net

Ad ogni modo, ci sono altre offerte online relative al servizio di hosting, tieni presente però che se vuoi incrementare la tua produttività, non tutti i servizi fanno al caso tuo, non vale sempre la pena risparmiare qualche euro a discapito di alcune caratteristiche essenziali, non tutti i servizio di hosting sono uguali. La scelta che farai è comunque fondamentale, quindi mi rendo disponibile a darti qualche consiglio in merito!

SEGRETO n. 10: riconoscere e scegliere il servizio hosting ideale per incrementare la tua produttività online, è essenziale per automatizzare e semplificare le attività.

Prima di scegliere un servizio di hosting, se sei nel dubbio contattami, sarò lieto di darti consigli o il mio parere al riguardo!

Autorisponditore

È chiamato anche autoresponder o risponditore automatico. È uno strumento molto efficace, indispensabile per chi lavora online, molto utile per chi lavora offline. Le statistiche mostrano che per raggiungere un obiettivo, soprattutto in relazione a una vendita, sono necessari 5-7 contatti con un potenziale cliente.

Se moltiplichi questo dato per il numero di potenziali clienti che la tua attività può avere (50-100-500-1000) ogni mese, ti renderai conto che gestire questi contatti in maniera singola e manuale, magari tramite telefono, fax o lettera, diventa non solo deleterio e controproducente in termini di aumento della produttività, ma addirittura impossibili da gestire a livello umano.

Ecco perché oggi, gran parte delle aziende, professionisti e imprese, nonché agenzie viaggio, agenzie immobiliari, internet marketer e gestori di negozi online si affidano agli autorisponditori.

Gli autorisponditori diventano dei segretari a tutti gli effetti, che lavorano per te 24 ore su 24 e 365 giorni all'anno anche mentre tu svolgi altre faccende e non sei presente fisicamente in ufficio, o addirittura mentre il tuo PC è spento.

Grazie agli autorisponditori, tutti i contatti con i tuoi clienti e potenziali clienti, vengono gestiti automaticamente e perfino l'acquisizione di nuovi contatti e potenziali clienti, nonché la programmazione delle tue campagne pubblicitarie, vengono automaticamente gestiti dall'autorisponditore stesso.

Se desideri realmente aumentare la tua produttività, soprattutto se la tua attività si interfaccia sul web o comunque utilizza il canale web per presentarsi, e creare la tua lista di clienti fidelizzati, non dovresti escludere l'utilizzo di un autorisponditore. Grazie ad esso puoi risparmiare molto tempo e risorse, che possono essere utilizzati in altri campi o come meglio credi (come abbiamo visto la gestione ottimale di tempo e risorse sono un perno importante per l'aumento della produttività).

Nella scelta di un servizio di autorisponditore è importante tenere in considerazione questi fattori:

- il servizio deve essere serio e affidabile;
- deve darti la possibilità di personalizzare l'indirizzo del mittente ad ogni email inviata;
- deve darti la possibilità di programmare l'orario specifico di

invio automatico;

- deve offrirti supporto tecnico in italiano.

Anche in questo caso quindi, ci sono dei parametri di confronto che dovresti prendere in considerazione nella scelta di un servizio di autoresponder, quelli elencati sono i più importanti, ma altre informazioni approfondite le puoi trovare nella *Guida agli Autorisponditori*, un report gratuito che ti mostra cosa sono, come funzionano e come scegliere il servizio adatto alle tue esigenze.

Scarica il report gratuito cliccando qui.

Io ho lavorato con impegno e determinazione dal 2009 per la realizzazione di un servizio di Autorisponditori Professionali specifico per il mercato Italiano, con tutte le caratteristiche professionali che ti ho elencato, capace di diventare un elemento indispensabile per aumentare la tua produttività. Ti consiglio quindi di valutare l'utilizzo del servizio di autorisponditori offerto da autorisponditoriprofessionali.com, un servizio nato nel 2009 con un alto indice di gradimento, che ti garantisce professionalità, funzioni avanzate, supporto italiano e prezzi davvero concorrenziali, adatto alle esigenze attuali.

Per valutare le caratteristiche dettagliate e attivare il tuo account visita il sito ufficiale:

http://www.autorisponditoriprofessionali.com

Utilizzare un servizio come questo, significa avere la possibilità non solo di automatizzare l'invio di email, comunicazioni speciali e campagne pubblicitarie, ma addirittura di programmarle in anticipo scegliendo in quale data e orario della giornata tali comunicazioni dovranno essere inviate.

» Stabilire opzioni

| Invio
Quando desideri che questo messaggio sia inviato? | Specifica Data ▼ |
| Invia in una data specifica
Rilevante solo se invio e' settato in Data Specifica | Mag ▼ 21 ▼ 2012 ▼ 🔲 09 ▼ : 00 ▼ |

In genere, automatismi simili permettono un risparmio di tempo stimato del **35%**, tutto a vantaggio di una produttività maggiore, sia in termini quantitativi che qualitativi, dato che è proprio grazie a questi automatismi che si riesce a "curare" in maniera adeguata un cliente.

SEGRETO n. 11: risparmia il 35% di tempo e risorse utilizzando i sistemi autoresponder per assicurarti un aumento di produttività istantaneo.

Sistemi e-commerce

I sistemi e-commerce, rappresentano delle soluzioni per la gestione degli step di vendita e la gestione di clienti sempre in relazioni alle vendite e acquisti effettuati. Grazie ad essi, un negozio online può generare vendite e gestire ordini in maniera automatica senza la necessità che il gestore sia fisicamente presente, il che rende operativo il tuo business 24 ore su 24.

Sia che tu abbia un'attività di vendita riferita a beni fisici, digitali, servizi o consulenze, l'utilizzo di sistemi e-commerce per la gestione automatica di vendite e pagamenti diventa essenziale per garantirti anche in questo caso un notevole risparmio di tempo e risorse.

Le soluzioni sono diverse e vanno dal semplice account Paypal, ai sistemi e-commerce centralizzati. Un account Paypal è semplice e gratuito, e ti permette di gestire i pagamenti tramite pulsanti, carrello acquisti e pagamenti veloci richiesti tramite email.

Con Paypal potrai accettare pagamenti con le principali carte di credito e prepagate, integrando link e pulsanti di pagamento nelle tue pagine web. Potranno essere stabiliti importi singoli, spese di spedizione, e pagamenti ricorrenti. Se la tua attività è tale da richiedere strumenti di gestione più potenti e di tipo centralizzato, potrebbe essere necessario utilizzare sistemi e-commerce più avanzati, dove potrà essere integrato sia il pagamento tramite Paypal, sia i pagamenti offline.

Un esempio è il sistema e-commerce **wescart**, una piattaforma online centralizzata indipendente e capace di integrare la gestione di business ed attività multiple anche se non correlate fra loro.

Sito web Ufficiale: http://www.wescart.com

Questa è una soluzione di tipo professionale che integra in un unico pannello di gestione, cataloghi, processi di vendita, gestione clienti, autorisponditore follow-up e molto altro, adatto quindi a particolari esigenze.

SEGRETO n. 12: i sistemi e-commerce possono offrirti degli automatismi riferiti a processi di vendita e post vendita che ti faranno risparmiare tempo e risorse.

Quindi, indipendentemente da quale sia la tua scelta in base alle tue esigenze e in base alla tua attività aziendale o professionale sia essa un semplice pulsante Paypal o un sistema più complesso, queste piattaforme tecnologiche sono molto utili per **incrementare la tua produttività.**

Help Desk

Una volta, le uniche risorse disponibili per offrire supporto e assistenza ai propri clienti erano il telefono, il fax e strumenti di comunicazione cartacea. Oggi moltissime aziende e professionisti sfruttano le grandi potenzialità degli help desk, sistemi di gestione supporto clienti Online con funzione interattive e collaborative.

Ne ho parlato in maniera approfondita nel mio Corso Help Desk Marketing, ma in sostanza un help desk è essenziale per risparmiare tantissimo tempo, sfruttare collaborazioni a distanza e offrire uno standard qualitativo molto elevato.

Grazie a un help desk online, puoi suddividere turni e orari dedicati al supporto e assistenza clienti con altri tuoi collaboratori anche se non presenti fisicamente, ma operanti da casa propria attraverso un semplice PC e connessione internet. In questo modo puoi creare sistemi di supporto online 24 ore su 24 attraverso i Ticket, mantenere traccia delle conversazioni e richieste dei tuoi clienti, e garantire un'immagine altamente professionale al tuo customer care.

Utilizzando un help desk, puoi creare un account come operatore Help desk per ciascun tuo collaboratore, assegnare ad essi dei reparti o categorie in base alle loro competenze e organizzare così in maniera automatica la gestione delle richieste di assistenza.

Un help Desk integra in genere anche la gestione delle F.A.Q. *(domande frequenti)* suddivise in categorie. Solo questa funzione, permette al cliente di trovare risposte o informazioni sufficienti senza contattare gli operatori, e in genere se la sezione delle F.A.Q. è ben strutturata e ricca di informazioni, questo significa una riduzione delle richieste di supporto del **25%** e anche in questo caso diminuiranno tempo e risorse necessarie da impiegare.

L'integrazione delle risposte standard è un'altra caratteristica degna di nota, che fanno di un Help Desk un partner essenziale per l'aumento di produttività. Grazie a questa funzione puoi preparare delle risposte standard *(magari per le richieste frequenti)*, archiviarle e richiamarle con un semplice click senza la necessità di digitare nuovamente il contento:

- gestione interattiva di collaboratori;

- gestione sezione F.A.Q;

- risposte standard già pronte;

- possibilità di allegare ai ticket file e documentazioni.

Un "cocktail" magico di funzionalità che ti permettono di aumentare sensibilmente la tua produttività grazie a una gestione ottimizzata di quella che è la fase più importante ma anche più dispendiosa, impegnativa e delicata di un'attività: *il post vendita, l'assistenza e supporto ai clienti.*

SEGRETO n. 13: incrementa la produttività nelle fasi delicate di post vendita, assistenza e supporto utilizzando gli help desk online.

Utilizza un Help Desk, e vedrai anche in questo caso un notevole risparmio di tempo e risorse impiegate; queste piattaforme tecnologiche sono molto utili per **incrementare la tua produttività**. Il software ideale che ti posso consigliare si chiama Hesk, è gratuito, personalizzabile, e include tutte le funzioni necessarie. Puoi scaricarlo dal sito ufficiale: http://www.hesk.com

Oppure puoi installarlo in pochi secondi grazie alla suite *Softaculos* inclusa nel pacchetto hosting offerto da soluzione-host.net o da altri servizi Hosting analoghi, in questo caso non dovrai nemmeno preoccuparti di installare lo script help desk, ma

in pochi secondi avrai il tuo sistema help desk *pronto per essere utilizzato.*

Programmazione Wordpress

Aumentare la produttività significa anche avere la possibilità di programmare in anticipo l'aggiornamento delle proprie pagine web oppure delle news da pubblicare sul proprio Blog o sito aziendale.

In questo modo puoi dedicare uno specifico momento della giornata o giorno del mese per raggruppare le informazioni necessarie e creare le pagine web o le news che verranno pubblicate sul tuo sito.

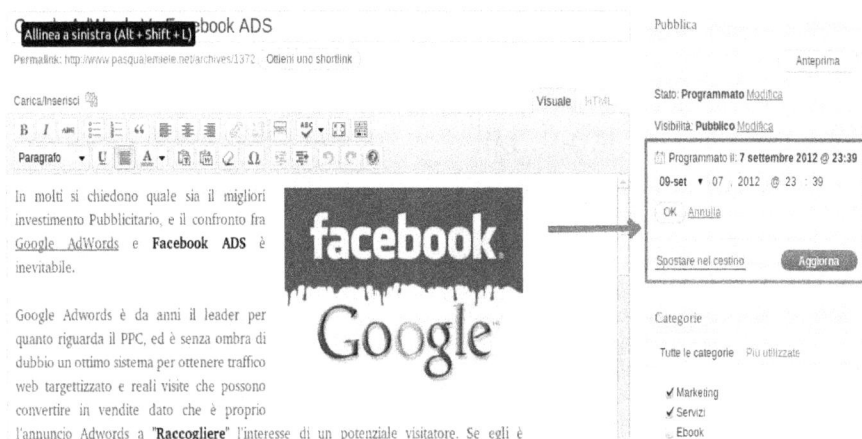

Wordpress è un ottimo strumento in questo senso, perché integra una potente funzione di programmazione della pubblicazione di pagine e post. Grazie a questa funzione puoi programmare in anticipo tutto o quello che desideri pubblicare sul tuo sito web, siano esse pagine intere o semplici news e/o articoli sul blog.

Io personalmente utilizzo sempre questa funzione speciale per programmare gli aggiornamenti dei miei siti web, e programmare in anticipo la pubblicazione di articoli sul mio Blog Personale. La trovo molto utile perché mi permette di rimanere attivo sul web attraverso i miei siti e il mio Blog, anche se in realtà in quel periodo mi sto dedicando magari ad altre faccende relative al mio lavoro.

Ecco perché, se lavori utilizzando uno o più siti web per promuovere o pubblicizzare la tua attività, ti consiglio si utilizzare come piattaforma web Wordpress, un CMS (content menagment system) che oramai è diventato il più utilizzato e il più supportato a livello di plug-in e integrazioni.

Worpress ha un pannello di gestione online che ti permette di modificare, aggiornare e completare le tue pagine web da qualsiasi postazione, e unito alla potente funzione di programmazione in date e orari specifiche, fa di questo strumento un ottimo partner dell'**incremento di produttività**.

Wordpress è completamente gratuito, tuttavia sconsiglio l'utilizzo diretto del servizio offerto da Wordpress.com semplicemente per il fatto che la versione hosted offerta, limita molte volte l'utilizzo e l'integrazione di stringhe di codice particolare e script, e questo potrebbe inibire il funzionamento di alcuni strumenti come i form autoresponder o altri script utilissimi invece per il tuo lavoro.

Meglio invece installare wordpress sullo spazio web server offerto dal tuo hosting provider, e meglio ancora se, come nel caso di soluzione-host.net viene offerta nel pacchetto hosting, la suite *Softaculos*. In questo caso puoi installare automaticamente Wordpress in italiano in pochi secondi e avrai un sistema già pronto e senza limitazioni penalizzanti per la tua produttività.

Skype per le conferenze e briefing

Se lavori in team, sicuramente si renderà periodicamente necessario discutere insieme ai tuoi colleghi o collaboratori su questioni organizzative o comunque legate al miglioramento dei risultati. I sistemi di videoconferenza online, ti permettono di confrontarti e discutere di tali faccende con il tuo team, senza muoverti dall'ufficio.

Risparmia quindi il tempo e lo stress di spostarti con l'auto fra gli ingorghi di traffico della città per recarti alla sala riunioni, e fai risparmiare questo tempo anche ai tuoi collaboratori. È molto più pratico e meno stressante, rimanere seduto sulla poltrona del tuo ufficio davanti al tuo PC ed effettuare da lì le tue videoconferenze.

Anche questo piccolo accorgimento ti garantirà un risparmio di tempo e risorse, beneficiando la tua produttività.

Skype non deve mancare sul tuo PC, il software gratuito più utilizzato al mondo che ti permette di comunicare, chiamare ed effettuare videoconferenze tramite internet a costo zero!

Sito web ufficiale: http://www.skype.com

Se prendi l'abitudine di programmare le tue conferenze attraverso Skype, ti accorgerai di come questo strumento ti sia d'aiuto in termini produttivi, tanto che migliaia di aziende lo utilizzano regolarmente e ne hanno fatto parte integrante del loro lavoro.

I vantaggi delle teleconferenze Skype

Parla con tutti i tuoi amici, ovunque essi siano
Che siano in giro per l'Asia o all'estero per lavoro, potrete fare due chiacchiere insieme con una sola chiamata.

Per lavorare in modo intelligente
Risparmia tempo, denaro e limita i viaggi. Chiama contatti e colleghi di lavoro con una sola chiamata, in ufficio o sul cellulare.

Skype può essere installato anche su dispositivi portatili come Smartphone, telefoni cellulari di ultima generazione e tablet, quindi si integra perfettamente con ogni tua esigenza oltre che essere un punto di riferimento per clienti e collaboratori.

Ottimizzare le metodiche di comunicazione con personale esterno e comunque non presente nella tua stessa sede lavorativa, è molto importante ai fini di incrementare la tua produttività. Imparare a utilizzare i sistemi e le tecnologie basate sulla rete web, ha permesso a molte aziende e professionisti di incrementare la propria produttività, e quindi può senz'altro aiutare anche te in tal senso.

Riconoscere ed evitare GRALMA

Hai mai sentito parlare di GRALMA? Difficilmente, dato che è un termine inventato da me, che descrive però una grave situazione pericolosa in termini di produttività. GRALMA è una vera e propria "trappola" capace di spegnere ogni idea brillante, ogni progetto importante e demotivare anche il più dinamico degli aspiranti imprenditori.

È l'insieme di due parole ovvero *Gratis* e *Calma,* ed è una tendenza che ti porta a prendertela con tutta calma quando ti rendi conto che gli strumenti che utilizzi o che hai intenzione di utilizzare per realizzare il tuo progetto sono gratis e quindi non comportano investimenti e quindi spese a livello economico.

Chi è caduto in questa trappola si è trovato a procrastinare con i suoi progetti, dormire sugli allori, demotivarsi cullandosi del fatto che gli strumenti che utilizzava erano tutti gratis e quindi si poteva lavorare con calma. Puoi cadere in questa trappola soprattutto se non hai le idee chiare sui tuoi obiettivi, e se non sei veramente motivato a raggiungerli.

Come puoi immaginare, il fenomeno GRALMA è deleterio per la tua produttività. Soprattutto se lavori online, valuta attentamente l'utilizzo di servizi e strumenti gratuiti in seno alla tua attività. Se noti che tali servizi ti portano a "rallentare" dato che non comportano per te spese e investimenti mensili, cambia direzione, correggi il tiro optando magari per servizi più professionali anche se a pagamento.

La ricerca immediata del **R.O.I.** (ritorno sull'investimento), ti spingerà automaticamente non solo a sfruttare appieno il servizio o lo strumento che avrai acquistato, ma anche di studiare metodi e modalità per migliorare la tua produttività al fine di aumentare il più possibile gli introiti rispetto alle spese.

Questo fenomeno l'ho potuto constatare di persona nel corso del tempo. Ho infatti riscontrato una netta inversione di tendenza causata proprio da GRALMA, quando periodicamente ho lanciato offerte riferite ai miei servizi professionali. Sia nel caso di periodi gratuiti per l'utilizzo di Hosting, Autorisponditori Professionali o Piattaforma e-commerce WEScart, la tendenza è stata sempre la stessa.

Il **75%** dei clienti, NON ha nemmeno effettuato un solo accesso al proprio pannello di gestione per tutto il periodo gratuito che in genere è stato di 1-2 mesi. Ha iniziato ad accedere e familiarizzare con il servizio solo quando il periodo gratuito era terminato e quindi egli iniziava realmente a pagare un servizio che ora doveva utilizzare, per non avere un investimento inutile.

Perché non iniziare già da subito a testare e utilizzare un servizio ottimale per il proprio lavoro e reso disponibile gratuitamente per i primi 2 mesi? Semplice, perché GRALMA ha teso la sua trappola: si poteva fare con *calma* dato che il servizio era *gratis*.

Certi modi di fare e di pensare fanno parte della natura umana, ma quando si ha a che fare con il proprio lavoro, con i propri obiettivi e con la propria produttività, bisogna imparare a riconoscere ed evitare le tendenze controproducenti, e GRALMA è una di queste. Abbiamo parlato di come ottimizzare la tua produttività servendoti di strumenti validi e utili soprattutto se lavori online. Ma se lavori prevalentemente offline il discorso non cambia di molto. Qualunque sia la tipologia di attività che svolgi, e desideri aumentare la produttività, rivedi l'archivio degli strumenti e risorse utilizzate dalla tua azienda, dai tuoi operai o dal tuo team.

Sono presenti alcune voci che potrebbero presentare possibilità di miglioramento?

Bene, annotale su un block notes, e per ognuna di esse effettua una ricerca di mercato approfondita. Il tuo obiettivo è trovare strumenti analoghi ma con delle caratteristiche oppure opzioni migliorative in termini di produttività. Anche in questo caso internet diventa un alleato fedele, dato che la maggior parte delle informazioni e offerte che il mercato ha da presentare, le troverai proprio sulla rete web.

Le possibili migliorie porterebbero comunque ad un incremento minimo a livello di produttività? Può darsi, ma un incremento minimo può diventare sostanziale se preso in considerazione sul **"lungo termine"**. Inoltre, un incremento minimo e marginale che un singolo strumento o risorsa può apportare a livello produttivo, diventa sostanziale e significativo se **sommato** a quello ottenuto da altri singoli strumenti rivisti in ottica di miglioramento.

La somma di piccole percentuali moltiplicate per un lungo

periodo trasformano un incremento di produttività apparentemente minimo in un incremento significativo.

SEGRETO n. 14: se impari a ragionare sempre su *"Larga scala"* e su periodi a lungo temine, noterai che ci saranno sempre maggiori possibilità di incremento per quanto riguarda la tua produttività.

RIEPILOGO DEL CAPITOLO 3:

- SEGRETO n. 10: Riconoscere e scegliere il servizio hosting ideale per incrementare la tua produttività Online, è essenziale per automatizzare e semplificare le attività.

- SEGRETO n. 11: Risparmia il 35% di tempo e risorse utilizzando i sistemi autoresponder per assicurarti un aumento di produttività istantaneo.

- SEGRETO n. 12: I sistemi ecommerce possono offrirti degli automatismi riferiti a processi di vendita e post vendita che ti faranno risparmiare tempo e risorse.

- SEGRETO n. 13: Incrementa la produttività nelle fasi delicate di post vendita, assistenza e supporto utilizzando gli help desk online.

- SEGRETO n. 14: Se impari a ragionare sempre su "Larga scala" e su periodi a lungo temine, noterai che ci saranno sempre maggiori possibilità di incremento per quanto riguarda la tua produttività.

CAPITOLO 4:

Come ottimizzare le tue capacità

Incrementare la propria produttività è possibile in parte anche alle capacità e competenze di una persona. È quindi ovvio che più cresceranno le capacità e le competenze di una persona, maggiore sarà l'incremento di produttività ottenuto, specie quando tale incremento viene ricercato attraverso metodiche specifiche come quelle trattate in questo corso.

Mentre hai letto l'ultimo paragrafo ti sarai senz'altro posto domante tipo: «Qual è il livello delle mie capacità?» oppure «Posso realmente incrementare la mia produttività con le mie attuali capacità e competenze?»

La risposta è semplice: tutti possono incrementare la propria produttività, ognuno in base alle proprie competenze e capacità!

Ma c'è un altro aspetto molto importante che devi tenere in

considerazione, e lo voglio introdurre con simpatico detto popolare secondo cui: «Nessuno nasce imparato».

È proprio così, indipendentemente dalle tue attuali capacità e competenze, puoi già da subito incrementare la tua produttività, e puoi anche creare le basi per ottenere **maggiori** incrementi di produttività anche nel futuro. Com'è possibile questo? È possibile dedicando una parte di tempo per formarti su quelle competenze che ti mancano. In questo modo potrai acquisire capacità che ora non hai, e sfruttarle per aumentare ulteriormente la tua produttività. È un percorso semplice che io stesso ho fatto.

Nel 2001 acquistai il mio primo personal computer, benché non avessi la più pallida idea di come funzionasse né di cosa fosse un sistema operativo. Lo acquistai e lo accesi per la prima volta proprio allora, limitandomi a iniziare a fare quello che sapevo fare: aprire quelle strane cartelline e finestre per vedere cosa succedeva e cosa contenevano.

Domanda 1: con le competenze e le capacità che avevo allora avrei mai potuto diventare ideatore e proprietario di un servizio

Autoresponder, fornitore di Hosting, ideatore e proprietario di un servizio e-commerce e realizzatore di siti web?

Domanda 2: con le competenze e le capacità che avevo allora avrei mai potuto incrementare la mia produttività in maniera tale da gestire un lavoro online impegnativo con 3 servizi web, più di 10 siti internet, 2 server, realizzare corsi, gestire e organizzare il mio centro supporto clienti, svolgere anche lavori offline, e nello stesso tempo dedicare il giusto tempo a moglie e 2 figli?

Risposta: con le competenze e le capacità che avevo allora NON avrei mai potuto fare tutto questo, né tanto meno incrementare la mia produttività a certi livelli, ma dato che fin dall'inizio ho sempre pensato che *nessuno nasce imparato*, ho sempre e in maniera costante dedicato del tempo ad imparare, percorrendo un percorso formativo come autodidatta.

Mi sono sempre documentato attraverso internet, libri, corsi online e offline, riviste e moltiplicando tutto questo per diversi anni, ho sviluppato maggiori capacità e competenze.

SEGRETO n. 15: dedica in maniera costante parte del tuo

tempo per acquisire maggiori capacità e competenze, potrai incrementare ulteriormente la tua produttività.

Ovviamente, per non incidere in maniera negativa sulla tua produttività, dovrai sottrarre una parte del tempo che avevi programmato come svago. È ovvio che per fare questo ci vuole una certa **autodisciplina**, ma l'autodisciplina è un punto chiave per la gestione ottimale del tuo tempo, delle tue risorse e quindi per garantirti un incremento di produttività.

Come nel mio caso, anche tu puoi "isolare" diverse fonti di informazione inerenti al tuo lavoro e settore, e utilizzarle per formarti con l'obiettivo di acquisire maggiori capacità e competenze.

Alcune di queste fonti le puoi trovare in:
Canali Online
- Google e pagine web;
- forum di discussione;
- portali e blog.

Abbiamo già parlato nei capitoli precedenti di come sia bello e piacevole utilizzare la rete web per cercare informazioni curiose, visualizzare video simpatici su Youtube. Di solito riserviamo sempre parte del nostro tempo ogni settimana per navigare sul web a puro scopo di svago o relax.

Che ne pensi allora di trasformare il **50%** di questo tempo settimanale da navigazione *libera* a navigazione *mirata*?

Se per esempio hai programmato di dedicare 5 ore settimanali allo svago e relax, magari nel fine settimana, e hai scelto di impiegare 2 delle 5 ore per navigare online senza obiettivi specifici (curiosità, video Youtube ecc.), potresti modificare tale programma in modo da utilizzare diversamente il 50% di questa fetta di tempo. In questo modo potrai dedicare un'ora per navigare online a puro scopo di svago e relax e un'ora invece la dedicherai per navigare sul web con il preciso obiettivo di seguire un percorso formativo aggiuntivo.

A questo riguardo potresti cercare siti o pagine web inerenti al tuo settore che parlano di come risolvere problemi che attualmente tu non sei in grado di risolvere, come fare a eseguire determinati lavori che attualmente le tue competenze non ti permettono di fare, cercare video su Youtube che possono essere utili al riguardo.

digita qui l'argomento di tuo interesse...|

Cerca con Google   Mi sento fortunato

Puoi anche partecipare a forum di discussione o Blog, interagendo con altre persone più esperte nel settore, chiedendo loro consigli e confrontandoti con altre persone che vorrebbero imparare a risolvere il tuo stesso problema.

Ti basterà utilizzare Google come motore di ricerca digitando nel campo di ricerca l'argomento di tuo interesse, per avere accesso a una marea di informazioni che possono esserti utili per migliorare le tue capacità e competenze e quindi aumentare ulteriormente la tua produttività.

Cerca di essere sempre più specifico possibile nelle ricerche, in questo modo puoi impiegare meno tempo per trovare le informazioni che ti servono. Se per esempio sei interessato ad aumentare le tue competenze in merito alla costruzione di cucce per cani, puoi concentrare la tua attenzione su frasi di ricerca specifiche e non generiche come potrebbe essere per esempio la sola parola *cani* oppure *"cucce cani"*.

Alcune frasi chiave potrebbero in tal caso essere:
- costruire cucce per cani;
- migliorare cucce per cani;
- migliori cucce per cani;
- problemi cucce cani;

Ovviamente è solo un banale esempio, l'argomento di ricerca e le relative frasi chiave specifiche dipendono dal tuo lavoro, e dal tuo settore. Da notare che se il settore in cui operi e le competenze che cerchi di apprendere, riguardano lavori manuali o comunque competenze per cui è richiesto un approccio visuale al fine di poterla imparare, Youtube ti può essere d'aiuto.

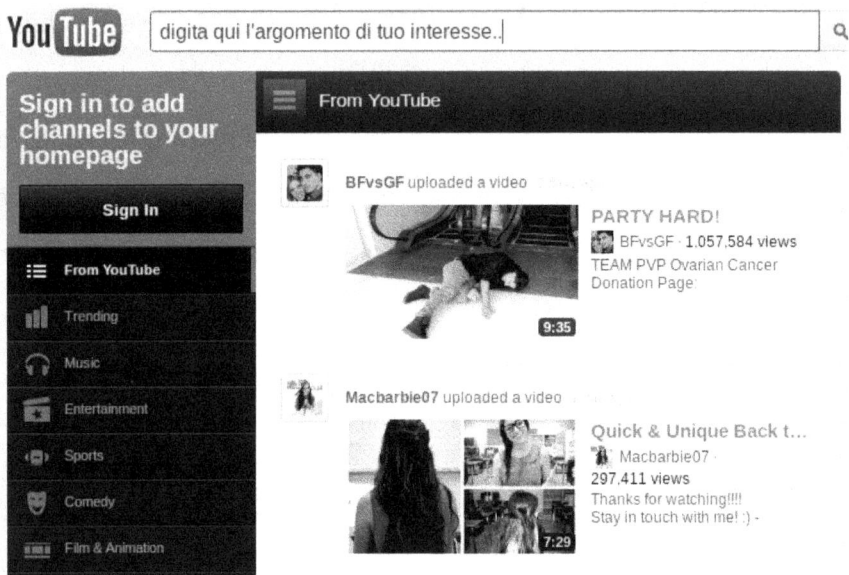

Youtube è diventato il portale video più utilizzato al mondo, un portale capace di fornirti canali formativi davvero eccezionali, con video lunghi, dettagliati e visualizzabili ad alta risoluzione.

Ad ogni modo, ottimizzando il tempo libero che dedichi per navigare in rete, puoi sicuramente sfruttare "Internet" e le "perle" che ha da offrire anche gratuitamente per migliorare le tue capacità e competenze a tutto vantaggio della tua produttività.

SEGRETO n. 16: sfrutta la rete internet per cercare informazioni, video e discussioni utili al fine di migliorare le tue capacità e competenze lavorative.

Canali Offline

- corsi;
- riviste di settore;
- libri.

Da non sottovalutare anche i canali offline, quelli più tradizionali e forse meno tecnologici ma altrettanto validi e specifici per la formazione professionale. Cerca quelle riviste e libri inerenti al tuo settore e leggile tenendo sotto mano un evidenziatore per evidenziare i paragrafi chiave che ti possono essere particolarmente utili, isolando quindi tutte le informazioni specifiche che ti permettono di imparare qualcosa di nuovo inerente al tuo lavoro, accrescendo quindi la tua abilità, capacità e competenza in merito.

Se non è possibile evidenziare il contenuto con un evidenziatore, tieni sempre con te un block notes su cui annotare i paragrafi e le informazioni utili che ti servono. Anche in questo caso usando autodisciplina, puoi utilizzare questi strumenti formativi senza incidere negativamente sulla tua produttività, riscattando in tempo in maniera appropriata.

Puoi portare con te le riviste quando fai la fila dal dottore, quando svolgi altre faccende che comportano periodi d'attesa o comunque tempi che in genere usiamo definire *morti*. In questo modo puoi riscattare il tempo senza intaccare in alcun modo lo svago.

Se poi il percorso formativo ti crea un senso d'urgenza (in genere avviene quando gli argomenti ti interessano veramente e quando noti che stai imparando), poi anche in questo caso riservare una piccola parte del tuo tempo libero o tempo dedicato allo svago per leggere e prendere appunti.

Molte volte, c'è anche la possibilità di partecipare a corsi di formazione organizzati da regioni e comuni. Molti di essi sono finanziati in parte dagli stessi enti o addirittura finanziati totalmente e quindi completamente gratuiti per chi vi partecipa. Se gli argomenti trattati rientrano nel tuo settore, potrebbe essere una buona occasione per seguire un percorso formativo aggiuntivo molto valido.

Potrebbe essere molto più stimolante e coinvolgente seguire un corso in aula in un contesto dinamico del genere. Da non sottovalutare assolutamente anche i corsi digitali, come potrebbero essere corsi sotto forma di libri digitali in PDF, ebook o in formato audio.

In questo caso, ebook, PDF e audio Mp3 sono ottime prerogative per sfruttare appieno il tempo. Un corso in formato ePub, può essere seguito tranquillamente sul tuo smartphone, sfruttando tutti i tempi morti della giornata.

Un corso in formato Mp3, può essere comodamente seguito mentre viaggi in auto, mentre sei in spiaggia con il tuo lettore Mp3! Conosco molte persone per esempio che sfruttano proprio il periodo delle vacanze per seguire corsi in formato Mp3 al fine di migliorare le proprie capacità e competenze, comodamente mentre sono seduti sulla sdraio in spiaggia davanti al mare!

Sembra un controsenso, ma il relax di una vacanza sia in senso fisico che mentale, predispone la persona a un apprendimento più rapido e qualitativo specialmente quando gli strumenti formativi (in questo caso un file audio e un lettore Mp3), non influiscono sul relax della persona stessa. Io stesso uso questa metodica durante le mie vacanze e guada caso le idee e progetti di business più significative sono nate proprio in quelle occasioni!

Quindi, se lo desideri, potrebbe essere molto efficace collegare il relax e tempo libero con il tuo percorso formativo migliorativo. Ascoltare corsi in formato Mp3 e leggere riviste tematiche nelle occasioni di relax, possono essere situazioni adatte per un apprendimento veloce.

Come abbiamo visto, le capacità di ognuno di noi possono crescere col tempo e con esse anche l'incremento di produttività. Puoi trovare canali validi formativi online e offline, sfruttando in maniera adeguata il tuo tempo in modo da non stravolgere la tua programmazione, non sottrarre tempo dal tuo relax o dalla tua famiglia.

SEGRETO n. 17: corsi di formazione digitali, audio Mp3, e riviste di settore possono essere utilizzati nei ritagli di tempo per accrescere le tue capacità.

Ma puoi aumentare la tua produttività anche imparando a **osservare i tuoi colleghi di lavoro**. Ognuno di noi ha delle capacità, dei modi di lavorare, delle metodiche, dei modi di ragionare diversi. Tutte queste variabili applicate a livello pratico portano a dei risultati diversi, o forse agli stessi risultati ma con un dispendio di risorse inferiore.

Ti sei mai soffermato a osservare con attenzione il metodo di lavoro dei tuoi colleghi? Ti consiglio di farlo regolarmente. Analizza le metodiche di lavoro dei tuoi colleghi, i metodi organizzativi e quant'altro ha relazione con il risultato finale in termini di produttività. Isola quegli aspetti che denotano una certa differenza con il tuo modo di lavorare. Un tuo collega riesce a essere maggiormente produttivo?

Bene, osservalo, scrutalo con attenzione, isola le sue metodiche migliorative e studia un modo non solo per applicarle, ma anche per renderle ancora migliori! Questo perché essere alla ricerca di metodi migliori e limitarsi solamente a copiarli e applicarli nel tuo caso potrebbe a lungo termine demotivare e influire in maniera negativa sulla tua autostima.

Ben diverso invece è isolare quelle metodiche interessanti di un tuo collega di lavoro e chiedersi: «Come posso migliorarla ulteriormente per ottenere una produttività ancora maggiore?»

In questo caso la forza motivante è differente così come il livello di autostima perché non ti sarai limitato a copiare chi è più bravo di te, ma avrai rielaborato la sua metodica secondo il **tuo** modo di ragionare e applicato quindi lo stesso metodo alla **tua** maniera.

Quel metodo non sarà più il *suo* metodo, ma diventerà il *tuo* nuovo metodo di lavoro, e se sarai riuscito a incrementare ulteriormente la produttività sarà solo per merito tuo, del tuo modo di ragionare e di applicare delle metodiche, del tuo cervello.

SEGRETO n. 18: impara ad essere un acuto osservatore, potrai migliorare i tuoi metodi di lavoro e incrementare la tua

produttività.

Come hai avuto modo di notare, anche in questo caso, per sfruttare al massimo il tuo tempo e le tue risorse al fine di migliorare le tue capacità, svolgere un percorso formativo aggiuntivo sfruttando internet, canali formativi offline e la tua capacità di osservare, ci sono degli strumenti semplici e banali che non dovrebbero mai mancare e che dovresti portare sempre con te: un block notes, una penna e un evidenziatore.

In questi ultimi anni ho sempre avuto l'abitudine di portare con me questi strumenti ovunque andavo e questo mi ha aiutato a sfruttare il mio tempo al 200% senza correre il rischio di dimenticare informazioni importanti.

Non fidarti mai della tua memoria! Soprattutto quando stai studiando o anche semplicemente leggendo informazioni con l'obiettivo di acquisire maggiori capacità e incrementare ulteriormente la tua produttività, ti passeranno per la mente tantissimi ragionamenti, nuove idee per applicare ciò che impari.
Se hai a portata di mano carta e penna avrai la possibilità di

annotare questi ragionamenti e catturarli, dato che in genere buona parte di essi sono brevi e Fuggitivi. Se ti mancano questi strumenti a portata di mano non potrai farlo, te ne dimenticherai in pochissimo tempo e rischi di perderli per sempre!

Se hai uno smartphone o telefono cellulare di ultima generazione, e hai dimestichezza con le sue funzioni avanzate, puoi usare il registratore vocale sostituendo carta e penna, e registrare la tua voce che rilegge le frasi importanti prese da riviste e libri, oppure che esprime un ragionamento fuggitivo che ti è appena passato per la testa.

+ Formazione =

+ Conoscenze =

+ Capacità =

+ Abilità =

+ Competenze =

Risultato Finale:

Maggior Incremento Produttività

Ottimizzare la propria capacità di lavorare si applica anche a un altro aspetto di tipo "hardware", non meno importante: La tua postazione di lavoro deve essere sempre pulita, ben ordinata e comoda. Assicurati di avere sempre le strumentazioni che utili a **portata di mano**, evitando di andare a cercarli perdendo tempo e concentrazione.

Se ti piace la musica, ascolta musica in sottofondo nel tuo ambiente lavorativo, scegli quella che ti piace particolarmente, e che ti dà un senso di "carica" emotiva. In questo contesto la musica non distrae ma ottimizza le tue capacità dandoti uno status emotivo e psicologico favorevole allo sviluppo del 100% delle tue potenzialità.

Da sempre la musica è capace di aumentare le prestazioni nell'ambito dello sport, attività fisiche e lavorative senza influenzare negativamente la concentrazione. Ovviamente il volume deve essere calibrato in maniera tale da evitare che essa diventi fonte di distrazione.

Se utilizzerai queste semplici ma pratiche metodiche, ti accorgerai che con il tempo le tue competenze e capacità in seno al tuo lavoro miglioreranno, e potrai incrementare ulteriormente la tua produttività come non avevi mai immaginato!

RIEPILOGO DEL CAPITOLO 4:

- SEGRETO n. 15: Dedica in maniera costante parte del tuo tempo per acquisire maggiori capacità e competenze, potrai incrementare ulteriormente la tua produttività.

- SEGRETO n. 16: Sfrutta la rete internet per cercare informazioni, video e discussioni utili al fine di migliorare le tue capacità e competenze lavorative.

- SEGRETO n. 17: Corsi di formazione digitali, audio Mp3, e riviste di settore possono essere utilizzati nei ritagli di tempo per accrescere le tue capacità.

- SEGRETO n. 18: Impara ad essere un acuto osservatore, potrai migliorare i tuoi metodi di lavoro e incrementare la tua produttività.

CAPITOLO 5:

Come riconoscere il momento del timeout

Siamo arrivati così a un altro aspetto fondamentale al fine di incrementare la tua produttività, un aspetto che viene però molto spesso sottovalutato, o peggio ancora ignorato da molte persone che in questo momento si staranno chiedendo perché non riescono a produrre di più e lavorare meglio.

Io stesso anni addietro ero uno di questi, e il mio più grande errore era pensare che "lavorare **di più** era meglio" e che meno pause avrei fatto durante il mio lavoro, più sarei riuscito a produrre.

La realtà si è dimostrata invece molto diversa: lavoravo molte ore senza pausa, per diversi mesi in maniera continuata, ma i risultati erano spesso scarsi dal punto di vista qualitativo, molte volte mi ritrovavo a dover ripetere le cose più volte, lo stress fisico e mentale aumentava sempre di più fino al punto di costringermi a fare una lunga pausa per riprendere la necessaria lucidità mentale e dinamicità nel mio lavoro.

SEGRETO n. 19: se riconosci il momento del time-out, puoi abbassare il livello di stress e aumentare sensibilmente la qualità e la produttività del tuo lavoro.

Solo questa esperienza mi ha insegnato che per incrementare la produttività è necessario riconoscere quando è il momento di fermarsi! È infatti molto importante prendersi delle pause sia nel corso della giornata lavorativa, sia nel corso dell'anno lavorativo; Solo in questo modo potrai affrontare le sfide e raggiungere i tuoi obiettivi con la giusta predisposizione mentale e fisica.

Lavorare per 4 ore consecutive, è sconsigliato nella maggior parte delle situazioni perché metterebbe a dura prova il nostro organismo. Dato che il nostro cervello è un divoratore di zuccheri, quando devi rimanere concentrato per periodi prolungati esso crea ben presto una carenza di glucosio che porta alla **neuroglicopenia** (mancanza di glucosio nel cervello).

Trovarsi in una situazione in cui il cervello è in riserva di zuccheri e glucosio e il relativo lasso di tempo, dipende in gran parte dal tipo di lavoro che svolgi ma i sintomi della **neuroglicopenia** ti permettono di identificare quando è arrivato il momento del time-out. Se hai esagerato lavorando concentrato senza concederti opportune pause noterai:

- cambiamenti comportamentali;
- confusione mentale;
- difficoltà a concentrarti.

È proprio questa situazione che va assolutamente evitata se desideri incrementare la tua produttività senza compromettere la salute mentale e fisica. Come puoi fare questo?

Nel corso di questi anni ho potuto notare come sia possibile evitare situazioni simili facendo delle brevi pause di 5 minuti ogni ora oppure una pausa di 10-15 minuti ogni 2 ore. Durante queste brevi pause sarebbe utile spostarsi e distaccarsi dalla postazione di lavoro, fare una passeggiata all'aria aperta, chiacchierare con un tuo collega e prenderti un buon caffè.

A proposito del consumare caffè durante la giornata lavorativa, ci sono pareri discordanti al riguardo. La cosa certa è che la caffeina stimola le funzionalità cardiache e cerebrali del nostro organismo, quindi durante una delle pause ti consiglio di concedertelo ovviamente se il caffè è di tuo gradimento e **senza abusarne** perché come tutti sappiamo la caffeina esercita un potere benefico e stimolante solo se limiti l'assunzione e non vai all'eccesso.

Bere 2 o 3 caffè al giorno magari proprio durante le pause programmate al fine di prevenire il calo glicemico e le conseguenze che ne derivano a livello di concentrazione e voglia di lavorare, ti permette di rimanere attivo e al 100% delle tue capacità.

Anche la pausa pranzo è importante. Essa è generalmente più prolungata rispetto alle pause di cui abbiamo parlato prima, forse una pausa pranzo ottimale potrebbe essere di 30-45 minuti, giusto il tempo di consumare un pasto leggero (non eccessivo) e prendere una boccata d'aria prima di ricominciare a svolgere le faccende lavorative.

Anche in questo caso voglio precisare alcuni aspetti essenziali che ho avuto modo di testare personalmente:

1) la pausa pranzo **NON** dovrebbe **MAI** essere caratterizzata da pasti eccessivi e troppo calorici: bisogna considerare che la fase successiva alla pausa pranzo è la digestione, quindi se mangi pasti troppo calorici o una dose eccessiva di carboidrati, la digestione sarà più lunga ed impegnativa. Più sangue dovrà affluire al tuo stomaco e intestino per la digestione, meno ne potrà affluire al tuo cervello, quindi è normale che le prestazioni lavorative caleranno. Ti consiglio quindi di consumare pasti leggeri durante le pause pranzo;

2) fai una camminata **prima** di riprendere l'attività lavorativa: dopo aver consumato il pasto e prima di riprendere la tua attività lavorativa, prendi l'abitudine di fare quattro passi all'aria aperta. 5-10 minuti di camminata favorirà il processo di digestione e ti permetterà di ritornare in postazione fresco e concentrato.

SEGRETO n. 20: è importante programmare le pause periodiche e ricorrenti durante il tuo lavoro giornaliero.

Non sottovalutare mai questo aspetto se desideri realmente incrementare la tua produttività in maniera costante:

1 Pausa di 5-7 minuti ogni ora + pausa pranzo 30-45 minuti

In Alternativa...

1 Pausa 15 minuti ogni 2 ore + pausa pranzo 30-45 minuti

Puoi scegliere la programmazione proposta in base alle tue esigenze. Per esempio se dopo un'ora di lavoro ti accorgi che non hai assolutamente cali di concentrazione e confusione mentale, puoi decidere di scegliere la seconda opzione, e programmare una pausa di 15 minuti ogni 2 ore. Ad ogni modo la pausa pranzo di 30-45 minuti dovrebbe includere sempre una camminata possibilmente all'aria aperta di almeno 5-10 minuti.

Test della pausa

1. Ti accorgi di dover ripetere una faccenda diverse volte prima di riuscire a concluderla?
2. Ti accorgi che la tua concentrazione sta calando?
3. Ti accorgi di fare confusione nel mettere insieme le idee o nel svolgere determinate faccende?
4. Hai una sensazione di ansia o stai diventando nervoso?
5. Senti una certa tensione muscolare o mal di testa insolito?

Se riscontri anche solo uno di questi sintomi, significa che sei andato oltre e che devi programmare una pausa appena prima che sorgano questi sintomi. In questo modo potrai aumentare la tua produttività senza compromettere il tuo fisico!

Una piccola prova del nove te la do io stesso: è da circa 1 ora e 20 minuti che sto lavorando alla stesura di questa parte del corso senza fermarmi. Un lavoro che ha mantenuto alta la mia concentrazione, che in questo momento sta calando! Nonostante io sia abbastanza collaudato per questi periodi prolungati di lavoro al PC, in questo momento mi accorgo che devo rileggere più volte una frase, faccio diversi errori di battitura e a livello fisico sento un certo peso oppressivo a livello della gola e mal di testa.

È arrivata l'ora di prendermi una pausa e bermi un bel caffè, ma non nascondo il fatto di aver commesso un errore (anche se voluto)! Avrei dovuto programmare la pausa prima di arrivare in questa situazione che è sempre e comunque una situazione in cui mente, cervello e fisico vengono messi sotto stress!

Prevenire queste situazioni con un'opportuna programmazione delle pause significa incrementare la propria produttività! Ma il time-out non si riferisce solo alle brevi pause programmate durante la giornata o le ore lavorative.

SEGRETO n. 21: per ottimizzare e incrementare la tua produttività, è necessario anche programmare delle fermate o soste più lunghe su base annuale.

In genere una sosta di 10-15 gg ogni 6 mesi è un buon compromesso per mantenere alti impegno, determinazione e voglia di migliorarsi, parliamo quindi di 2 pause annuali.

Ciò non rappresenta nulla di nuovo; se ci pensi bene, qualsiasi attività lavorativa prevede in genere un periodo di ferie estivo e uno invernale in occasione delle festività. Sono proprio queste pause o time-out lunghi a ritemprare e ricaricare la persona a livello emotivo e dinamico.

Ora, le tempistiche riferite alla programmazione annuale delle soste non possono essere standardizzate, perché il loro campo di applicazione può essere molto vasto e quindi soggette a variazioni in base alle esigenze e situazioni lavorative di ogni singolo individuo.

Se lavori come dipendente e vuoi applicare queste metodiche per incrementare la tua produttività, dovrai forse adattarti alle pause stabilite dal tuo datore di lavoro, mentre se sei un libero professionista puoi avere più libertà di scelta.

Ad ogni modo, qualunque sia la tua situazione e il campo applicativo delle metodiche per aumentare la produttività, il punto fondamentale è il seguente: periodi prolungati di impegno e lavoro, specie se in relazione al raggiungimento di determinati obiettivi, portano un alto livello di stress mentale e fisico. Arrivati a questo punto, rischi di ottenere l'effetto contrario, non riuscire a migliorare nulla del tuo progetto, non raggiungere alcuni obiettivi o farlo in modo parziale.

Non ti è mai capitato? A me personalmente sì, ed è proprio in quella situazione che ho iniziato a sperimentare cosa significa realmente staccare la spina, togliere dalla mente per qualche giorno il progetto, gli obiettivi e le possibili migliorie da raggiungere. I risultati (dopo) sono stati sorprendenti. Se provi a staccare la spina periodicamente per qualche giorno, avrai molte più energie e risorse fisiche e mentali da utilizzare sfruttando al 100% le potenzialità.

Attenzione: Queste pause sono programmate solo in pochi periodi dell'anno, quindi parliamo di staccare realmente la spina!

SEGRETO n. 22: avere il coraggio di staccare realmente la spina durante le pause annuali ti garantisce maggiori risorse fisiche, mentali e migliori performance lavorative nel periodo successivo.

In queste pause è molto utile chiudere completamente in maniera simbolica il "libro del tuo progetto" e lasciarlo chiuso fino a quando il periodo di pausa sarà terminato. È consigliabile quindi sfruttare questo periodo di time-out per divagare la mente con svago e relax, senza pensare neppure minimamente al tuo lavoro o aspetti riguardanti il tuo progetto.

Questo è un periodo di completa rigenerazione, durante il quale la tua mente trova risorse per ripartire con del potenziale aggiuntivo. Di solito le performance migliori, ma anche le idee e i progetti migliori sono quelli che hanno visto precedere subito prima un periodo di relax completo di 10-15 gg. Alcune programmazioni proposte potrebbero essere queste:

Pausa di 10 Giorni ogni 4 Mesi

In Alternativa...

Pausa di 15 Giorni ogni 6 Mesi

In Alternativa...

Pausa di 08 Giorni ogni 3 Mesi

La scelta della programmazione ideale nel tuo caso dipende dal tuo progetto, dal tuo lavoro e dalle tue capacità fisiche e mentali. Puoi quindi ascoltare cosa ti dice il tuo corpo, e stabilire la frequenza più adatta alle tue esigenze.

Come hai potuto vedere, riconoscere il momento del time-out è davvero essenziale per aumentare la tua produttività, ed è quindi necessaria una programmazione di brevi pause durante la giornata lavorativa, e pause più lunghe anche se meno frequenti durante il corso dell'anno.

Se fino a ieri eri convinto che pausa significasse perdita di tempo o perdita di produttività avrai modo di ricrederti testando tu stesso come le pause e il time-out programmato possano essere una chiave di volta per la produttività stessa.

RIEPILOGO DEL CAPITOLO 5:

- SEGRETO n. 19: Se riconosci il momento del time-out puoi abbassare il livello di stress ed aumentare sensibilmente la qualità e la produttività del tuo lavoro.

- SEGRETO n. 20: È importante programmare le pause periodiche e ricorrenti durante il tuo lavoro giornaliero.

- SEGRETO n. 21: Per ottimizzare e incrementare la tua produttività, è necessario anche programmare delle fermate o soste più lunghe su base annuale.

- SEGRETO n. 22: Avere il coraggio di staccare realmente la spina durante le pause annuali ti garantisce maggiori risorse fisiche, mentali e migliori performance lavorative nel periodo successivo.

CAPITOLO 6:

Come gestire outsourcing e lavoro del team

Nel capitolo riferito agli obiettivi, abbiamo parlato di come alcune faccende, lavori o compiti potrebbero richiedere lo sviluppo in *outsourcing*. Cosa significa questo?

Il termine *outsourcing* significa letteralmente *esternalizzazione* ovvero «l'insieme delle pratiche adottate dalle imprese di ricorrere ad altre imprese per lo svolgimento di alcune fasi del processo produttivo». (Fonte Wikipedia)

Qualunque sia il tuo progetto, è necessario valutare la necessità di affidare a terzi parte del lavoro se le tue competenze o capacità non sono sufficienti a svolgerlo in maniera **efficace**, **completa** e **veloce**. Anche se affidare del lavoro in outsourcing, comporta dei costi o investimenti, devi sempre e comunque considerare questi importanti aspetti:

1. **Se il lavoro non può essere svolto con efficacia al 100% avrai una probabile perdita di produttività:** ciò significa che forse avrai risparmiato 250, 500 o 1000 euro di investimenti svolgendo tu stesso il lavoro anche se non ne avevi le piene capacità e competenze, ma sul medio e lungo termine potresti perdere 500, 1000, 2000 euro di introiti dovuti a una produttività non ottimale proprio perché parte del lavoro non è stato svolto con efficacia, da persone adatte e competenti.

   Domanda: Cosa Scegli?

   Risposta: Se vuoi incrementare la tua produttività (e hai tutto l'interesse a farlo) affiderai il lavoro in Outsourcing.

2. **Il tuo tempo ha sempre e comunque un costo che va rapportato al risultato finale:** probabilmente sei in grado di svolgere un determinato lavoro, ma con le tue competenze e capacità ci impiegheresti comunque il doppio del tempo necessario a un professionista per svolgere la stessa faccenda o lavoro. Ebbene, il tuo tempo è prezioso, specie in ambito lavorativo e produttivo. Valuta sempre la possibilità di risparmiare ore preziose del tuo tempo affidando il lavoro in

Outsourcing. Potresti nel frattempo dedicarti ad altre importanti faccende in seno al tuo progetto o all'incremento di produttività.

Dovrai investire 150, 300 euro per far svolgere il lavoro da altre persone più competenti e veloci? Certamente, ma probabilmente risparmierai 10 o 20 ore preziose di lavoro da parte tua, e a questo punto dovresti porti la domanda: «Quanto pagherei me stesso per ogni ora di lavoro?»

Beh, un libero professionista in genere può essere pagato dai 20 ai 25 euro l'ora, che in tal caso diventerebbero 250/500.

Quindi, con questa mentalità, avrai senz'altro capito che anche in questo caso svolgere un lavoro in outsourcing NON comporterebbe in realtà un investimento, bensì un risparmio!

SEGRETO n. 23: valuta quindi attentamente tutte le situazioni in cui potrebbe esser necessario o magari profittevole affidare il lavoro a professionisti esterni.

Oggi, grazie alla rete web, è facilissimo trovare professionisti esterni a basso costo che possono svolgere il lavoro a distanza e in maniera efficace. Se per esempio lavori online, ci sono diversi portali dove potrai trovare consulenze e professionisti competenti a basso costo. Ecco alcuni portali di risorse outsourcing che possono esserti utili in ordine di importanza:

- Alverde.net: http://www.alverde.net/forum/
- HTML.it: http://forum.html.it/
- Freelance.com: http://www.freelance.com

Che dire invece se hai già pensato di creare un team o comunque di lavorare insieme ad altre persone per la realizzazione di tuoi progetti? Come puoi incrementare la tua produttività attraverso il lavoro di squadra?

Se oltre a te ci sono colleghi o collaboratori, e insieme lavorate per la realizzazione di un progetto, è importante saper ottimizzare la gestione del Team per guadagnare produttività. Molte volte infatti, specialmente in ambito aziendale, i problemi relativi alla produttività e l'apparente impossibilità di margini d'incremento della stessa, dipendono proprio da problemi relativi al team.

SEGRETO n. 24: se desideri incrementare la tua produttività, è necessario creare un ambiente dinamico e stimolante all'interno del tuo team di lavoro.

Se non hai ancora scelto le persone che collaboreranno per la realizzazione del tuo progetto, è importante fare delle opportune considerazioni al riguardo.

Orienta la tua scelta verso persone positive, dinamiche e Laboriose
Ne abbiamo già parlato nei capitoli precedenti, quindi hai già compreso l'importanza di scegliere persone con queste caratteristiche. Collaboratori laboriosi, dinamici e positivi, potranno dare un notevole contributo al tuo progetto, e una grande capacità di risolvere eventuali problemi senza perdersi d'animo.

Pianifica gli accordi in anticipo e in maniera dettagliata
Quando si stringono delle collaborazioni con altre persone, nulla va lasciato al caso. Se hai assunto dei collaboratori, definisci insieme a loro quale saranno i loro compiti, quali saranno i loro introiti e quali obiettivi comuni si dovranno raggiungere in seno

alla realizzazione del progetto. Se cerchi serietà, devi prima mostrarla, quindi prenditi il tempo per effettuare dei colloqui con eventuali candidati, e mostra subito che hai obiettivi e metodiche di lavoro ben definite, presentando loro un accordo di collaborazione scritto. Leggetelo insieme, chiedi il loro parere e se l'accordo va a buon fine firmate entrambi una copia dell'accordo.

Amici e Parenti potrebbero essere le scelte sbagliate

Le prime persone cui in genere si pensa quando si cercano collaboratori, sono proprio i nostri amici e magari i nostri parenti. Pensiamo che un rapporto di amicizia e parentela possa rappresentare una garanzia di successo o di serietà da parte della persona.

In realtà questa è una mentalità sbagliata. L'amicizia e la parentela in seno alla vita privata sono una cosa, mentre il lavoro è tutt'altro. Molte volte è meglio non far combaciare le cose, in quanto un rapporto di amicizia o parentela potrebbe influire negativamente sulla produttività.

Un tuo parente o amico potrebbe prendere sotto gamba alcuni tuoi consigli o alcuni obiettivi da raggiungere solo perché esiste questo rapporto speciale con te. Oppure potrebbe aspettarsi dei trattamenti speciali, o magari tu stesso potresti sentirti a disagio nel fare delle osservazioni al tuo amico o parente collaboratore, per timore di rovinare il rapporto di amicizia o parentela.

SEGRETO n. 24: scegli con criterio i tuoi collaboratori basandoti su dinamicità, predisposizione ai rapporti interpersonali e problem solving.

Se hai già scelto i tuoi collaboratori o comunque hai già un team di collaboratori e colleghi, cerca di fare il tuo meglio per rendere l'ambiente stimolante. Ecco alcuni consigli al riguardo.

Assegna a ognuno mansioni ben definite
L'ordine e un piano lavoro ben definito sono condizioni che in genere piacciono a tutti e rendono il lavoro stesso stimolante e dinamico. Ecco perché è importante assegnare ad ogni tuo collaboratore compiti, mansioni, faccende e responsabilità ben precise in base alle loro competenze.

Non tutti riusciranno a fare in maniera ottimale ogni tipo di mansione o faccenda. Ognuno ha delle capacità, delle competenze e delle preferenze riguardo a determinate cose. È quindi compito tuo esaminare le competenze, le capacità di ogni tuo collaboratore e in seguito assegnare loro specifiche mansioni da svolgere.

Magari puoi fare un elenco delle mansioni da svolgere, pianificare un briefing o riunione con i tuoi collaboratori e ascoltare le eventuali preferenze di ognuno di loro, in modo da assegnare i compiti e le mansioni da svolgere anche in base a questa variabile importante. Sarai d'accordo anche tu che se ti viene assegnato una mansione che ti piace particolarmente, sarai più propense a svolgerla con attenzione e impegno.

Promuovi le attività di team building
Mantenere unito e saldo un team affiatato, significa staccare il biglietto per un incremento di produttività notevole. Le attività di team building servono proprio a questo; pianifica periodicamente delle attività lavorative da svolgere insieme come gruppo, e organizza periodicamente dei briefing con tutti i tuoi collaboratori.

Durante questi briefing, ascolta attentamente le loro opinioni, le loro proposte migliorative, le loro preoccupazioni e le loro richieste. Essere disposti ad ascoltare significa creare un rapporto di fiducia e stima reciproca, e ciò tiene unito il team.

Ma le attività di team building non dovrebbero fermarsi solo in ambito lavorativo. Organizza anche delle attività extra lavorative stimolanti insieme al tuo team di collaboratori, come per esempio una cena di lavoro, un caffè o un aperitivo tutt'insieme, una partita di calcio o attività sportiva. Di tanto in tanto, queste attività rafforzano lo spirito di squadra e ciò si riflette anche in ambito lavorativo.

Crea un ambiente amichevole
Un ambiente duro e austero, non giova sicuramente al team e al lavoro di squadra. Evita quindi musi lunghi e affermazioni dure nei confronti dei tuoi collaboratori. Si può essere duri e incisivi anche quando si fa un osservazione col sorriso sulle labbra.

Se il tuo modo di parlare e di agire trasmette tensione all'interno del team, ogni singolo componente scaricherà questa tensione nell'ambito del lavoro, e subirne le conseguenze sarà la produttività. Sicuramente ci saranno occasioni in cui sarà necessaria una "tiratina d'orecchie" nei confronti di qualcuno, in tal caso evita di fare osservazioni mentre sono presenti altri colleghi.

Chiama piuttosto la persona interessata nel tuo ufficio o comunque in sede privata e li fagli l'osservazione evitando sempre di usare parole offensive. È inoltre importante che tu sia capace di chiudere in quel momento quel capitolo o argomento, e il giorno dopo lavorare nuovamente insieme senza rancori o malumori.

Incentiva gli sforzi nel raggiungere gli obiettivi
Non aver paura di complimentarti con i tuoi collaboratori. Se hanno svolto un buon lavoro, diglielo apertamente usando parole o frasi tipo: «Bravo, ottimo lavoro» oppure «Benissimo, hai svolto un lavoro eccellente».

La carica emotiva e psicologica che possono avere frasi del genere è incredibilmente alta. Tante volte sprona molto di più di un riconoscimento economico. Ad ogni modo, è anche buona cosa incentivare gli sforzi e l'impegno dei tuoi collaboratori con premi o riconoscimenti economici aggiuntivi anche se trattasi di piccole somme.

Se tutti i componenti del gruppo si sono impegnati e hanno lavorato bene, puoi anche stabilire periodicamente dei premi o bonus riservati all'intero gruppo. Ricorda: non è necessario incentivare con grandi somme di denaro per dare una carica emotiva e psicologica ai tuoi collaboratori.

Molte volte una piccola somma associata a una lettera formale dove tu in persona esprimi la gratitudine per la professionalità e l'impegno mostrato negli ultimi mesi bastano per dare una grande carica emotiva e un notevole incremento dell'autostima. Il rapporto di fiducia e di stima fra te e i tuoi collaboratori diventerà sempre più solido e affermato, e i benefici sulla produttività non tarderanno ad arrivare.

Stabilisci le regole comportamentali
Un ambiente amichevole, dinamico e stimolante ha sempre come

base delle regole comportamentali che vanno definite e chiarite dall'inizio con i tuoi collaboratori. Stabilisci quindi dei "paletti" e parlane con l'intero team fin da subito.

SEGRETO n. 25: crea un ambiente amichevole, dinamico e stimolante incentivando il team building e lo spirito di squadra.

Specifica chiaramente quali comportamenti non sono accettati, quali regole vanno rispettate e come andranno risolti eventuali contrasti fra colleghi. Parlare apertamente prima di queste regole comportamentali, permetterà a ciascun collaboratore e membro del team di conoscere il proprio ambiente lavorativo e di lavorarci in maniera più serena senza preoccuparsi eccessivamente di cosa potrà succedere se…

RIEPILOGO DEL CAPITOLO 6:

- SEGRETO n. 22: Valuta quindi attentamente tutte le situazioni in cui potrebbe esser necessario o magari profittevole affidare il lavoro a professionisti esterni.

- SEGRETO n. 23: Se desideri quindi incrementare la tua produttività, è necessario creare un ambiente dinamico e stimolante all'interno del tuo team di lavoro.

- SEGRETO n. 24: Scegli con criterio i tuoi collaboratori basandoti su dinamicità, predisposizione ai rapporti interpersonali e problem solving.

- SEGRETO n. 25: Crea un ambiente amichevole, dinamico e stimolante incentivando il team building e lo spirito di squadra.

Conclusione

Siamo arrivati al termine di questo corso, e spero che le informazioni trasmesse siano state utili e interessanti. Come hai potuto notare, anche nei casi più estremi ci sono sempre e comunque dei **margini di incremento della produttività**.

Ora è necessario applicare a livello pratico tutte le metodiche che ti ho indicato. Devi fare in modo che tutti questi consigli non rimangano solo parole o frasi scritte accantonate in un angolo del tuo Hard Disk. La prima regola fondamentale per l'aumento della produttività è diventare persone **attive** e **dinamiche.**

Sono certo che potrai trarre beneficio applicando le metodiche che ti ho insegnato, potrai incrementare la tua produttività e vedere crescere la tua attività, i tuoi progetti, la tua autostima! Ma non voglio concludere questo corso con queste parole, desidero offrirti un valore aggiunto molto più grande e prezioso.

Come ti ho già accennato, io stesso grazie a queste metodiche svolgo diverse attività online e offline, se hai avuto modo di visitare i miei siti web, puoi rendertene conto tu stesso. Ho incrementato la mia produttività, e acquistato molta esperienza nel corso degli anni. Voglio quindi condividerla con te, e metterla a tua disposizione! Se quindi hai bisogno di consigli, hai dei dubbi o delle incertezze riguardo ai tuoi progetti o alla tua produttività, puoi contattarmi attraverso il mio Centro Supporto Clienti, uno standard qualitativo che dedico da anni a tutti i miei clienti e non solo.

Basterà aprire un ticket a questo indirizzo:

http://supporto-clienti.info

Inserisci come oggetto "comunicazione per Pasquale Miele", i miei collaboratori mi inoltreranno prontamente la tua richiesta, ed io sarò lieto di risponderti e fornirti informazioni utili. Non mi resta augurarti un *ottimo incremento di produttività!*

Pasquale Miele

www.ingramcontent.com/pod-product-compliance
Lightning Source LLC
Chambersburg PA
CBHW071557200326
41519CB00021BB/6798